AF555199

CRÉDIT FONCIER DE FRANCE.

RAPPORT

DE M. LE COMTE CH. DE GERMINY

GOUVERNEUR

A MESSIEURS LES MEMBRES

DU CONSEIL D'ADMINISTRATION

PARIS

TYPOGRAPHIE HENNUYER, RUE DU BOULEVARD, 7. BATIGNOLLES.

BOULEVARD EXTÉRIEUR DE PARIS.

1854

CRÉDIT FONCIER DE FRANCE.

RAPPORT

DE M. LE COMTE CH. DE GERMINY

GOUVERNEUR

A MESSIEURS LES MEMBRES

DU CONSEIL D'ADMINISTRATION

PARIS

TYPOGRAPHIE HENNUYER, RUE DU BOULEVARD, 7. BATIGNOLLES.

BOULEVARD EXTÉRIEUR DE PARIS.

1854

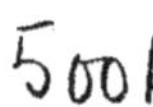

LE CRÉDIT FONCIER DE FRANCE.

Il n'est pas de système de crédit plus simple et plus sûr que celui du CRÉDIT FONCIER DE FRANCE. Il emprunte pour prêter. Ses obligations sont garanties par une valeur en propriétés foncières double au moins du montant des prêts et par le capital social. L'emploi des capitaux qui lui sont confiés est immédiat, assuré, car chaque jour ajoute à la popularité du système de ses prêts à long terme, et remboursables par annuités. Ses obligations sont donc des valeurs de premier ordre.

Aux termes du décret constitutif des Sociétés de Crédit foncier, en date du 28 février 1852, il n'est admis aucune opposition au payement ni du capital ni des arrérages de leurs obligations. Les fonds des Incapables, des Communes, peuvent être employés à les acquérir, et, dans tous les cas où les Établissements publics et d'utilité publique sont autorisés à convertir en rentes sur l'État leurs capitaux disponibles, ils peuvent les employer en Obligations foncières.

Sous les auspices de la législation spéciale qui le régit, le CRÉDIT FONCIER DE FRANCE offre aux emprunteurs des conditions qu'ils ne sauraient trouver ailleurs.

Le principal avantage des prêts à long terme, et remboursables par annuités, qui constituent le système des opérations dont il a le privilége, est de soustraire le débiteur à l'obligation d'un remboursement unique et à échéance fixe.

Par l'annuité qu'il paye, et qui excède à peine l'intérêt habituel de l'argent, l'emprunteur, au moyen du jeu de l'amortissement et de la puissance de l'intérêt composé, rembourse, chaque semestre, une fraction du capital, et se libère insensiblement dans une période de vingt à cinquante ans, à son choix, en conservant toujours la faculté de hâter sa libération par des remboursements anticipés et même partiels.

Gouverneur :

M. LE COMTE CH. DE GERMINY.

Sous-Gouverneurs :

MM. CREPY ET DAVERNE.

Membres du Conseil d'Administration :

MM. ERNEST ANDRÉ, ancien banquier.

FRANÇOIS BARTHOLONY, président de la Compagnie du chemin de fer d'Orléans.

VICOMTE BENOIST D'AZY, ancien député.

COMTE XAVIER BRANICKI, propriétaire.

ADOLPHE DAILLY, maître de poste à Paris.

DARBLAY aîné, ancien député.

FONTENILLIAT, receveur général de la Gironde, régent de la Banque de France.

HAILIG, ancien président de la Chambre des notaires de Paris.

HELY D'OISSEL, ancien conseiller d'État.

LEGENTIL, président de la Chambre de commerce de Paris, régent de la Banque de France.

DE NERVILLE, receveur général de la Somme, régent de la Banque de France.

EMILE PEREIRE, directeur du chemin de fer de Saint-Germain.

PERIGNON, ancien conseiller d'État.

DE RAINNEVILLE, ancien conseiller d'État.

LE PRINCE SAPIEHA, propriétaire.

THIBAULT, ancien notaire à Paris.

WEST, ancien président de la Compagnie du chemin de fer de Strasbourg à Bâle.

WOLOWSKI, ancien représentant, professeur de législation industrielle au Conservatoire des Arts et Métiers.

Membre honoraire :

M. DROUYN DE LHUYS, ministre des affaires étrangères, sénateur

Censeurs :

MM. COTELLE, notaire honoraire.

DARBLAY jeune, député au Corps législatif.

PARAVEY, ancien conseiller d'État.

CRÉDIT FONCIER DE FRANCE.

RAPPORT

DE M. LE COMTE CH. DE GERMINY

GOUVERNEUR

A MESSIEURS LES MEMBRES

DU CONSEIL D'ADMINISTRATION

MESSIEURS,

Vous savez que les Statuts du CRÉDIT FONCIER DE FRANCE doivent être modifiés conformément aux dispositions du décret impérial, auquel nous devons l'honneur de gouverner cette Institution. Ce devoir était l'objet de vos études et des nôtres, lorsque vous avez pensé que ces Statuts devraient non-seulement s'harmoniser avec le décret du 6 juillet, mais, par occasion, profiter de l'expérience acquise et recevoir les modifications qu'elle conseille. S'il est en effet des dispositions tutélaires, que la théorie a pu ne pas prévoir, et dont la pratique ait indiqué l'utilité, la révision prescrite semble être une excellente occasion de les demander, comme la bienveillance du Gouvernement est une raison puissante de les espérer. Ce qu'elles peuvent être, il eût été difficile de le savoir sans interroger vos premières opérations. Elles sont nombreuses; nous avons pris le parti d'en faire en quelque sorte l'inventaire. Ce travail aura son aridité, ses longueurs. Vous ne datez que de deux ans à peine, et cependant vous avez fait beaucoup de choses, Messieurs, de très-bonnes souvent; de moins heureuses quelquefois; mais il n'est donné à personne de couler d'un seul jet de semblables institutions. Nous n'avons à critiquer ni les faits ni l'organisation dont nous allons parler. Celle-ci est ce qu'elle est; le mérite des efforts qu'elle a coûté est acquis à vos travaux, à votre dévouement. Nous en rendre compte, compléter, achever, tel a été notre but; nous le poursuivrons ensemble, et, si vous croyez que nous tenons à honneur le privilége de cette collaboration, vous nous rendrez justice.

Nous avons déjà dit qu'il n'était pas de système de crédit plus simple et plus sûr que celui que vous pratiquez. Emprunter pour prêter, et prospérer en raison du nombre de prêts que vous consentez, tel est votre partage.

Nous avons eu l'honneur de vous dire encore, qu'il n'était pas de crédit plus mérité que le vôtre, parce que vous n'avez pas deux manières d'utiliser les capitaux qu'on vous confie ; ils ne doivent pas servir, ne servent point à spéculer. Vous les prêtez sur gage, et ce gage, c'est la propriété immobilière, le sol, les maisons, quand on vous justifie que leur valeur est double au moins du montant de l'emprunt qu'on veut vous faire. C'est pour cela que vos obligations sont des valeurs de premier ordre. Ayez l'assurance qu'on les recherche et recherchera, non-seulement pour leur raison d'être actuelle, c'est-à-dire, garanties par les meilleures hypothèques, mais bientôt, nous osons le prédire, en qualité d'émission privilégiée, et représentant aussi bien le crédit qu'aucunes autres valeurs les plus favorablement accueillies à ce titre ; et, pour aller au-devant de toutes les susceptibilités, hâtons-nous de reconnaître que, limitées, quant au développement de leur émission, à la proportion des prêts que vous consentez, elles ne sont pas comparables aux billets des banques, en général, à ceux de la Banque de France, en particulier, dont on a prétendu pourtant que vous inquiétiez le privilége : gratuite supposition que rien ne justifie. En effet, comment n'aperçoit-on pas que le privilége d'émission illimitée, donné à la Banque de France, n'a rien de commun avec celui d'émettre des titres qui ne peuvent naître qu'en représentation des prêts consentis? Nous ne créons pas pour prêter ; nous créons après avoir prêté. Si donc *vos lettres de gage* peuvent être accueillies comme espèces, c'est uniquement en leur qualité de valeurs de portefeuille, présentant des garanties d'une telle sécurité, que le public en consacrera lui-même l'usage et la disponibilité par sa confiance. Mais cette confiance ne vous donnant jamais le droit de les livrer au premier degré en qualité d'espèces, droit que possède la Banque, qu'elle a exclusivement, que personne ne peut lui contester, qu'il serait dangereux, à notre avis, de vouloir partager, nous croyons pouvoir dire, sans porter ombrage à qui que ce soit, que si vos lettres de gage sont acceptées comme espèces, ce sera au même titre que les premières signatures de la place ; faveur qui ne se fera pas longtemps attendre.

Vous connaissez l'économie des banques de circulation. La confiance qu'elles obtiennent a pour base un gage mixte : encaisse et crédit, numéraire et portefeuille, l'encaisse exempt de dépréciation autre que celle du métal lui-même, le portefeuille d'une valeur variable, incertaine comme les chances du commerce et de l'industrie.

Si, sous les auspices d'un encaisse métallique inférieur au montant de la circulation dont il est le gage, et de signatures d'une solvabilité plus ou moins notoire, on est parvenu à faire accepter, pour or ou pour argent, un billet de banque, comment ne pas entrevoir la confiance réservée à des valeurs foncières, qu'elles s'appellent obligations ou lettres de gage, détachées du sol pour ainsi dire et valant ce qu'il vaut?

Le numéraire n'est que le signe convenu et représentatif de la valeur des choses, tandis qu'après le travail, et par le travail, la propriété est la richesse elle-même. Nos obligations sont les meilleures parcelles de cette richesse, augmentée du prix que leur donne la garantie de votre capital social. Comptez donc sur la facilité de leur circulation, à diverses conditions, toutefois, et plus particulièrement à celles de leur simplicité, de leur disponibilité. Avant d'examiner ce qu'il y a de fait pour leur assurer ces mérites, ce que l'on peut faire pour les leur confirmer, apprécions quelle est leur situation actuelle, comment elles parcourent la carrière, si elles sont simples et disponibles, de telle sorte que le public puisse déjà les comprendre et les négocier sans hésitation. A notre avis, Messieurs, ces conditions sont à compléter, mais ne leur manquent pas, toutefois, autant qu'on veut bien le dire, surtout depuis qu'au 1er novembre vous avez, par une intelligente conversion, fait un premier pas vers l'uniformité. — Quoi qu'il en soit, vos titres sont encore l'objet de quelques incertitudes. Ils circulent, les uns statutaires, les autres autorisés par des décrets spéciaux. Quels sont-ils donc ? Nous allons faire en sorte de les rappeler à vos souvenirs.

Ils datent du jour où vous avez décidé que vous emprunteriez 200 millions à 3 pour 100. C'était le 11 décembre 1852. Alors, vous avez espéré que cet emprunt serait immédiatement réalisé, qu'il vous permettrait de faire aussitôt des prêts pour une somme correspondante, et vous avez calculé que si en seize mois vous pouviez atteindre ce but, les avantages de ce développement d'affaires, ajoutés à ceux d'une subvention de dix millions que vous accordait le gouvernement, vous avez calculé, disons-nous, que ces avantages seraient tels, qu'amortissement, primes et lots, — car vous aviez promis l'un et l'autre, — en un mot, le service dont vous fixiez le point de départ au 1er mai 1854 serait assuré, et qu'il s'accomplirait en cinquante ans, sans trouble possible. Entre vos espérances et la réalité, la distance est restée considérable. Vous n'avez ni emprunté ni prêté dans le temps prévu, et cependant vous avez créé 200,000 titres.

Vos Statuts disposent, art. 89, qu'une obligation foncière doit être de 1,000 fr., qu'elle peut être subdivisée en coupures dont la moindre est de 100 fr., disposition conforme à celle du décret organique du 28 février 1852 (art. 15); vous n'avez dérogé, sans doute, ni à la lettre ni à l'esprit de cette règle en créant 200,000 promesses à délivrer sur premier payement de 200 fr. sans intérêt, divisées par vingt séries alphabétiques et destinées, après versement complémentaire de 800 fr., à se transformer en obligations définitives de 1,000 fr., remboursables *en cinquante ans*, condition essentielle, mais en contradiction apparente avec l'article 95 de vos Statuts, qui stipule que vos obligations n'ont pas d'époque fixe d'exigibilité. Je dis : apparente, car le sens absolu de cette disposition ne se révèle pas à nous clairement par les termes qui la formulent. — Sa signification est-elle que le porteur d'une obligation n'aura pas le droit d'en exiger le remboursement plutôt tel jour que tel autre dans un espace de temps indéterminé, ou bien, l'article 95 indiquant que chaque tirage comprend le nombre d'obligations nécessaires pour en assurer l'amortissement dans le même temps que le capital prêté (*étant donné le délai de* 50 *ans comme le plus long temps pour lequel on prête*), a-t-on voulu que l'exigibilité du remboursement de l'obligation ne dût pas avoir lieu plutôt tel jour que tel autre dans cet espace de 50 ans, mais un jour ou l'autre dans ce délai ? C'est une incertitude qui doit cesser.

Un éclaircissement sur ce point n'importe pas moins au crédit de la Société qu'aux combinaisons d'amortissement, ayant pour but d'assurer votre libération par celle de vos débiteurs. L'opinion la plus généralement répandue est que vous prêtez l'argent qu'on vous prête à de telles conditions, que vos contrats de prêts assurent le service de vos obligations, non-seulement quant aux intérêts, mais quant à leur amortissement ; et comme on sait qu'on n'a pas pu vous emprunter pour plus de cinquante ans, on s'imagine, en vous apportant des capitaux, qu'ils sont engagés pour un temps égal. On pense cela, sans croire au rapport de tel capital prêté à tel emprunt consenti. On sait que cette nature de solidarité n'existe pas. C'est en masse que les emprunts que vous consentez sont le gage des obligations que vous émettez ; cela est compris, mais on croit au paral-

lélisme d'emprunts et de prêts faits dans un même temps, dans un même exercice. On est convaincu qu'ils ont une même carrière à parcourir, et cette opinion, croyez-le bien, est une raison du crédit qu'on vous accorde. Est-il possible de faire que, dans la pratique, les choses se passent ainsi ? La marche de l'amortissement peut-elle être calculée de telle sorte que le jour où l'emprunteur sera libéré, parce que, pendant cinquante années, il aura fidèlement rempli les conditions du contrat qui le lie, ce jour-là, le compte ouvert à l'amortissement de sa dette sera en mesure de régler le solde créditeur de l'obligation dont la Compagnie doit le montant ; valeur, sinon du jour, au moins de l'exercice correspondant à celui qui a vu naître le contrat d'emprunt ? Ou bien encore une seule chose importe-t-elle, à savoir : que, sans prendre en considération la date des prêts qu'on nous fait, en dehors de l'emprunt spécial de 200 millions, bien entendu, nous n'avons pas à nous préoccuper de les rendre remboursables à échéance déterminée, mais seulement de les équilibrer avec les emprunts que nous consentons, afin que, toujours respecté, cet équilibre donnant une sécurité suffisante à nos créanciers, l'époque à laquelle ils seront remboursés soit pour eux d'un intérêt secondaire ? La solution de ces questions n'a rien d'impossible, nous le croyons du moins, et les jugerons au fond, par des considérations de crédit; en fait, par des chiffres. Nous y reviendrons donc sous ce double rapport; mais, après avoir abordé la difficile étude de vos titres, avant et après le 1er novembre. Leur multiplicité fut un embarras de chaque jour : quelle a donc été, et quelle est encore cette monnaie de votre emprunt de 200 millions et des autres opérations de crédit qui l'ont suivi ? Souvent elle a varié ; souvent de la nécessité de pourvoir à des difficultés, sont nés ou des titres ou des formules, ayant droit chacun à sa place particulière au foyer de votre Administration, comme à celui de votre Comptabilité. Nous ne saurions éviter de les rappeler rapidement, et d'indiquer comment ils ont été présentés à la confiance publique. C'est une revue dont l'analyse peut avoir son utilité, non-seulement comme *memento,* mais pour revenir, autant que possible par son étude, à plus d'uniformité. C'est à ce dernier point de vue surtout qu'elle a inspiré nos recherches.

Et d'abord de quels noms les avez-vous appelées, ces diverses modifications ? Elles en ont eu beaucoup, pas assez pourtant pour qu'il ait toujours été possible de ne les pas confondre : Promesses d'obligations, Obligations libérées, Coupures d'obligations, Certificats, Récépissés de versement, Reçus de la caisse aux titres, Reçus de la caisse espèces, Bons de caisse, tout cela plus particulièrement à l'usage des changements qu'a dû subir la forme primitive de votre emprunt de 200 millions. Et quand, pour les distinguer, il a fallu, il faut encore aller à la découverte de leurs conditions d'émission, des sommes qu'ils représentent, des lots ou primes qu'on leur attribue ensemble ou séparément, le plus grave inconvénient d'une telle enquête, n'est pas les soins qu'elle impose, mais la préoccupation peu favorable qu'elle fait naître, que rien ne justifie, hâtons-nous de le dire, car vous avez fait le plus sûr emploi possible des capitaux dont ces documents sont la représentation.

Commençons-en donc le recensement, et faisons en sorte de suivre dans notre examen l'ordre chronologique de leur apparition.

C'était le 11 décembre 1852, que vous avez décidé un emprunt de 200 millions, nous l'avons déjà dit. Les premiers titres émis à son occasion portent la date du 3 janvier 1853, et, le 18 du même mois, la Caisse aux titres en a commencé l'émission.

Ils reçurent les noms de « *Promesses d'obligations foncières ; Certificats de dépôt au porteur, sans intérêt, de 200 francs.*

200 mille titres de cette sorte, ainsi dénommés, furent créés et divisés en 20 séries alphabétiques, de A à T inclusivement ; chaque série distinguée par la couleur de son papier. Des mots qui composent leur dénomination, l'usage en a rayé le plus grand nombre, et il a consacré la dénomination plus brève de *Promesses d'obligations ;* chacune d'elles donne droit à des lots, et à la souscription au pair d'une obligation foncière de 1,000 francs, rapportant un intérêt de 3 0/0, ayant droit comme la promesse elle-même à 4 tirages de lots, et de plus remboursable au pair avec 200 francs de prime. Le droit à l'obligation de 1,000 francs s'exerce de la manière suivante : par chaque somme de dix millions prêtée, le Conseil peut décider qu'il sera procédé à un tirage entre les vingt séries, dont le sort commande celui des promesses : alors le possesseur de celles-ci doit les rapporter à la Caisse de la Société, verser 800 francs, et recevoir en échange des obligations de 1,000 francs, rapportant, nous l'avons déjà dit, 3 0/0 d'intérêt, donnant droit à des lots importants, et remboursables au pair, avec prime de 200 francs. — Ces titres de 1,000 francs libérés ont été rarement cotés à la Bourse, mais les promesses l'ont été, et le sont encore souvent. Tel est le point de départ, la première phase.

En voici une seconde. — Bien que la Société eût créé 200,000 titres identiques, elle crut devoir en partager l'émission, et à l'occasion du partage, elle modifia ses conditions. Donnant à ses premiers souscripteurs un droit de préférence, elle déclara qu'ils ne pourraient l'exercer qu'en payant une prime de 100 francs par promesse. A l'usage de cette décision, elle créa des récépissés non négociables, à distribuer contre versements de 300 francs, et à échanger ensuite contre promesses de 200 francs, semblables, quant au libellé, à ceux de la première distribution, portant cette mention : « deuxième émission, » et datés du 7 février. La première de ces promesses, deuxième émission, a été délivrée le 18 février 1853.

Ainsi, promesses de 1re émission,

promesses de 2e émission,

et récépissés de versement de 300 fr. non négociables. Tel fut le début.

A la même époque et à titre de facilité justifiée, sans doute, par l'état du marché, la Société fit savoir que si, pour souscrire à une promesse de deuxième émission, elle avait demandé un versement de 300 fr., dont 100 fr. pour prime, et 200 fr. pour prix de la promesse, on avait la faculté de procéder par division, quant au versement; de le faire de 100 fr. d'abord pour la prime, et d'attendre la décision du Conseil quant au complément de 200 fr. à verser. Cette disposition fut une quatrième modification, à l'usage de laquelle fut créé un nouveau récépissé provisoire nominatif, non négociable. Elle a laissé dans les caisses de la Société un assez grand nombre de primes de 100 fr. versées, pour une somme de 160,000 fr. environ. Les intéressés attendaient la décision du Conseil quant au versement de 200 fr. dus par souscription à des promesses de deuxième émission, décision que vous avez prise naguère, Messieurs, et dont nous poursuivons l'accomplissement.

Mais continuons notre revue. Une autre faculté, ou plutôt un encouragement dont le résultat ne fut pas très-important, est encore à noter, pour ne rien omettre. La Société offrit aux porteurs de promesses de la première émission de leur venir en aide pour souscrire à la seconde.

Apportez-moi, leur dit-elle, votre premier titre; il vaut 200 fr. Je le recevrai, vous en délivrerai reçu, et j'accompagnerai cette formalité de la délivrance d'un bon à recevoir comme espèces par ma propre Caisse à titre de versement de 100 fr. pour souscription à une promesse de deuxième émission. Vous reviendrez avant le 15 mai 1854, m'apporterez 100 fr., je vous rendrai votre promesse de première émission, et vous réglerez votre souscription aux promesses de deuxième émission.

Cette faculté, Messieurs, a laissé dans votre portefeuille dix-sept promesses de première émission libérées de 200 fr., qui représentent 3,400 fr. Ceux qui les ont apportées ont souscrit pour dix-sept promesses de deuxième émission; mais le 15 mai est une date depuis longtemps passée, les 100 fr. promis n'ont pas été rapportés, le dépôt de garantie vous reste; aux termes du récépissé que vous en avez donné, vous pouvez, sans aucune mise en demeure, aux risques et périls des dépositaires, le vendre à la Bourse, vous rembourser de 100 fr. et régler pour le reste : notre attention est appelée sur cette situation; elle nous reste à régulariser au mieux des droits et des intérêts de la Société, sans perdre de vue qu'une excessive rigueur ne serait pas plus conforme à vos intentions que favorable à notre crédit. C'est une liquidation qui ramènera des certificats de dépôt de promesse première émission, des récépissés relatifs à la deuxième émission ; deux pièces ou documents, dont l'existence ajoutée à ceux dont nous avons déjà parlé, porte à six, au point où nous en sommes, les comptes ouverts à vos opérations de crédit. Voyons maintenant ceux qu'a fait naître un autre ordre de combinaisons. Vous nous pardonnerez, Messieurs, de les remémorer avec autant de scrupule, mais toutes les mémoires ne sont pas également fidèles; s'il en est parmi vous qui aiment à fixer leurs souvenirs, ils nous sauront gré peut-être de les associer à notre exploration. — Nous poursuivons.

Dans la pensée de la Société, les 200 mille promesses *sans intérêt* devaient être converties en obligations définitives de 1000 francs, rapportant 3 pour 100 avant le 22 mars 1854. Cette hypothèse ne paraissant pas devoir se réaliser, il fut décidé qu'on bonifierait un intérêt de 3 pour 100, soit 6 fr. par chaque promesse ; le Gouvernement approuva la mesure ; elle ne donna lieu à la création d'aucun titre nouveau, et fut résolue pour être pratiquée avec jouissance du 1er mai 1853. Il n'est pas nécessaire de rappeler qu'elle ne fut qu'agréable aux porteurs des promesses, mais elle n'eut pas pour conséquence d'augmenter vos recettes, n'apporta point dans les caisses de la Société une somme de capitaux suffisants pour le service des emprunts demandés, il fallait donc innover encore. Voici le parti que prit la Société : elle offrit aux porteurs de promesses libérées de 200 fr. une nouvelle faculté, celle d'avoir à leur choix ou des titres de 1,000 ou des titres de 100 fr. ; et, anticipant à cet égard sur ce qu'ils devaient attendre des tirages de série, elle annonça, le 10 août 1853, que tout porteur de promesse qui le voudrait, recevrait immédiatement, à son choix, contre un versement de 800 fr., soit un titre de 1,000 fr., rapportant 3 pour 100 avec lots et primes, soit dix titres de 100 fr. portant le même numéro d'obligation, ayant droit un seul sur les dix, au moyen d'un tirage préalable entre eux, au lot entier qui échoirait à l'obligation dont il ferait partie, et remboursable avec une prime de 20 fr. Ici, à cette occasion, deux titres nouveaux, qui sont, d'une part, l'obligation de 1,000 fr., d'ailleurs destinée à naître dans tous les cas; de l'autre, celle de 100 fr. Or, avec les circonstances précédemment indiquées, ce sont huit titres ou formules à valoir sur celles dont nous avons encore à vous entretenir. Le résultat de cette dernière faculté n'avait pas été considérable; vous aviez délivré 1,676 titres de 1,000 fr., 18,490 de 100 fr. Quelque autre tentative était à faire évidemment; or, supposant sans doute qu'en divisant les payements, ils s'opéreraient plus facilement; supposant aussi peut-être que, soumis à la loi des séries, les souscripteurs pourraient s'inquiéter de l'obligation d'avoir à verser inopinément 800 fr., la Société imagina tout un nouveau système de versements, et, le 15 janvier 1854, elle arrêta des dispositions que deux jours après elle publiait dans le *Moniteur*. En voici l'économie :

A tout porteur de promesse on faisait savoir que, jusqu'au 10 février 1854, il pouvait se présenter pour réduire son engagement à une coupure de 500 fr. donnant droit à la moitié du lot attribué à l'obligation entière, et que, si cette réduction lui agréait, il aurait à verser :

100 fr. avant le 11 février ;
100 fr. du 15 avril au 1er mai ;
100 fr. du 15 octobre au 1er novembre ;

Tous ces versements dans le courant de 1854, avec faculté d'anticipation ; qu'après payement de ladite somme de 300 fr., les titres définitifs seraient délivrés ainsi qu'il suit : « A tout ayant droit à cinq promesses libérées de 500 fr.

« 1° Deux coupures d'obligations de 500 fr. rapportant 3 pour 100, ayant droit à la moitié du lot attribué à l'obligation entière, et remboursables avec une prime de 20 pour 100 au plus tard en cinquante années ;

« 2° Trois coupures d'obligations de 500 fr. chacune rapportant 4 pour 100, ayant droit chacune à la moitié du lot attribué à l'obligation entière, et remboursables au pair dans le même espace de temps. »

Quant au porteur d'une unique promesse, si, dans l'avis publié, il ne trouvait rien qui le concernât, il n'en devait pas moins être admis au bénéfice de la division proposée. Or donc, s'il a voulu réduire, c'est une obligation 3 pour 100 qu'il a reçue; s'il a voulu, au contraire, conserver l'intégralité des droits que lui a ouverts sa promesse, et diviser sans réduire, il aura reçu ou recevra une obligation 500 fr. 3 pour 100, et une obligation 500 fr. 4 pour 100, à condition que pour celle-ci il aura rempli la formalité d'un premier versement de 100 fr. exigible en janvier 1854, et qu'en 1855, il sera exact à opérer sa libération par des versements aux échéances des 15 janvier, 15 avril, 15 juillet et 15 octobre. Car, aussi bien pour lui que pour les porteurs d'un plus grand nombre de promesses ayant le même droit, la proportion de 4 pour 100 disponible est déterminée; elle ne l'est point pour le 3 pour 100. En d'autres termes, la Société délivre du 3 pour 100 tant qu'on en veut, et n'accorde du 4 pour 100 que dans une proportion qu'elle a fixée, et dont on conçoit l'utilité, puisque la différence du 3 au 4 la conduit à payer un intérêt qui, pour le second de ces taux, lui impose une dépense de 43 cent. en plus pour 100 fr. Deux titres ont donc été créés à cette occasion : l'un de 500 fr. 3 pour 100, l'autre de 500 fr. 4 pour 100. Soit dix avec ceux qui précèdent. — A cette même époque de réduction et de division des titres, trois catégories de souscripteurs ont dû être et ont été l'objet de l'attention et de la justice du Conseil.

D'abord ceux des souscripteurs à la deuxième émission que leur versement de 100 fr. pour prime avait placés sous le coup d'un engagement de 1,000 fr. Il leur fut écrit individuellement que, s'il leur convenait de réduire, les conditions ci-dessus indiquées, et réalisables en 1855, étaient à leur disposition.

Les souscripteurs, ensuite, qui, ayant volontairement libéré leurs promesses en août et septembre 1853, n'avaient obtenu que des titres de 1,000 fr., 3 pour 100, il y avait justice à leur proposer également le bénéfice de la division et de la proportion ; plusieurs ont accepté, et ont fait un revirement de titres, libérés de 3 en 4 pour 100 ; enfin, la série M appelée le 22 février 1854. Il fut permis à tous ceux qui n'en avaient pas devancé les conséquences, en profitant de la faculté de conversion, de diviser, mais sans réduire, et de prendre leur part dans la répartition des coupures 3 et 4 pour 100.

Pour ces trois facultés, point de titres nouveaux, bien entendu.

Mais un onzième allait bientôt naître. C'est au mois de mars 1854 qu'il fut créé, sous le nom de coupures de 100 fr. 3 pour 100 ; il donnait droit et donne encore (car il subsiste) à une prime de 20 fr. et au dixième d'un lot. On employa, pour le livrer à la circulation, les anciennes coupures de 100 fr., donnant droit à un lot entier, en en modifiant la forme par une estampille. Nous en avons parlé plus haut. Toutes celles dont la Société avait pu disposer n'avaient pas été distribuées : quant à celles qui l'avaient été, on proposa de les reprendre contre dix coupures de 100 fr., ayant droit au dixième du lot ; proposition faite à quiconque rapporterait les dix coupures d'une même obligation, telles qu'elles avaient été délivrées en août 1853 ; c'est-à-dire, ainsi que nous l'avons expliqué, une seule d'entre elles donnant droit au lot entier. — Cette faculté n'a pu profiter à tous ceux qu'elle pouvait intéresser, parce que tous n'avaient plus entre les mains les dix coupures d'un même numéro. — Il reste donc dans la circulation des titres de 100 fr. donnant droit au lot entier : ainsi, onze titres ou formules.

L'appel des deux séries D et Q n'a rien ajouté à ce nombre, que nous allons voir s'augmenter cependant de trois titres nouveaux, deux de 500 fr. 5 pour 100, l'autre de 100 fr. 4 pour 100, d'origine récente, et par conséquent plus présent à vos souvenirs. Nous avons dit deux titres de 500 fr. 5 pour 100 plutôt pour ordre qu'en réalité ; car, en fait, c'est un même titre, mais ils appartiennent à deux émissions : l'une, du 29 mars 1854, recommandée sans publicité aux directeurs, aux inspecteurs et aux notaires de la Société ; la seconde, datant du mois d'août 1854, ainsi que les obligations de 100 fr. 4 pour 100.

Enfin, si nous comptons pour un le récépissé de versement à compte sur les obligations de 500 fr. 5 pour 100 émises en août dernier, les renseignements qui précèdent vous auront révélé quinze circonstances diverses, représentées toutes dans vos comptes ; un grand nombre dans la circulation, dont on peut dire, en style commercial, qu'il faut soigner le nécessaire. Nous n'avons pas parlé dans ce dénombrement d'un titre 4 1/2 pour 100, création du 26 décembre 1853, annoncée comme celle du 29 mars 1854, qui l'a remplacée, sans publicité, par la correspondance des Directeurs. Nous n'en avons pas parlé, disons-nous, parce que proposé, accepté même, il n'a pas été délivré. Les rares souscripteurs qui l'avaient accueilli ont été invités à recevoir en échange des titres 5 pour 100, invitation dont ils ont profité, non-seulement sans objection, mais avec reconnaissance, on le comprend sans peine.

Telle est, Messieurs, si nous sommes bien informés, la statistique de notre dette. Si nous touchons au terme de son exploration, notre travail n'est encore, cependant, qu'un état de personnel, une feuille de présence, pour ainsi dire; il nous reste à vous conduire au delà, il nous faut prendre à partie, si ce n'est tous ces documents ou titres, au moins ceux dont la destinée semble fixée par les engagements que vous avez pris; car s'ils sont quinze à ce jour, tous, évidemment, ne doivent pas survivre aux conditions de leur émission. Certificats, récépissés, bons de caisse, promesses, titres provisoires, ne sont, en réalité, que des moyens de transition. Ce qu'on peut affirmer avec plus d'exactitude, c'est que vous avez dans la circulation : du 5 pour 100 pur et simple; du 4 pour 100 donnant droit à des lots; du 3 pour 100 donnant droit à des lots, et remboursable avec prime; et que ces diverses valeurs sont représentées par des titres de 1,000 fr., de 500 fr. ou de 100 fr. Est-ce donc si difficile de s'y reconnaître, surtout depuis le 1er novembre, dernier délai assigné à une conversion qui, inachevée, était une cause d'incertitude; qui, très-avancée, dissipe beaucoup d'obscurités? Nous sommes convaincu que désormais la cote de la Bourse ne sera plus l'objet de tant de commentaires; elle va se composer, en ce qui vous touche :

1° De promesses libérées de 200 fr., rapportant 3 pour 100 et droit aux lots entiers;

2° De coupures de 100 fr., rapportant 3 pour 100, remboursables avec prime de 20 fr., donnant droit au dixième des lots;

3° De coupures de 500 fr., rapportant 3 pour 100, remboursables au pair, avec prime, donnant droit à la moitié d'un lot;

4° De coupures de 500 fr., 4 pour 100, moitié des lots, remboursables au pair, sans prime;

5° De coupures de 100 fr., 4 pour 100, dixième de lots, sans prime également.

Tels sont les cinq titres que vous présentez aujourd'hui sur le marché. Vous en avez retiré l'obligation de 1,000 fr., représentée qu'elle peut être par deux coupures de 500 fr. 3 pour 100 avec lots et primes, et vous n'y avez produit ni la coupure de 100 fr. donnant droit au lot entier, ni l'obligation de 500 fr. 5 pour 100, classée dans des mains qui, jusqu'à ce jour, n'en réclament pas la négociation, considérée qu'elle est probablement comme un placement hypothécaire à long terme. Cet état de choses n'a rien d'inquiétant, de confus; les valeurs dont il s'agit sont de telle qualité que l'appréciation en sera facile et prompte, surtout si, pour développer le crédit qu'elles méritent, nous parvenons à ajouter à leur sécurité au fond, les améliorations dans la forme dont nous les croyons susceptibles.

C'est ce que nous allons rechercher.

Le jour où nous avons commencé cet examen, vous aviez 142,900 titres dans la circulation, 185,292 dans votre portefeuille, ensemble 328,192. Cette proportion varie sans cesse. Rachats, remboursements, émissions nouvelles ne permettent pas de fixité quant au nombre. A l'instar de l'Etat, vous avez vos rentiers, vos créanciers, qui, à jour fixe, deux fois par année, commandent votre exactitude, et un service d'arrérages, qui se complète, et sera désormais protégé dans chaque département par l'obligeant concours de MM. les receveurs généraux; nous aurons lieu de revenir sur l'importance de cette coopération, non-seulement au point de vue de vos titres, mais à celui d'une autre nature de relations qui, à notre avis, doivent s'établir à l'avantage d'une plus prompte installation du Crédit foncier en France, sans ajouter aux travaux et à la responsabilité de ces comptables; mais avant de développer notre pensée à cet égard, parlons encore de votre dette, de sa nature, de la situation qui lui a été faite.

Il nous semble que, si sa forme primitive, le caractère de spéculation qui lui a été imprimé, ont été des conditions nécessaires, commandées par les circonstances, il y a lieu d'examiner si la voie suivie est encore utile et tutélaire; nous savons que les idées les plus justes, les combinaisons les mieux assises n'ont pas le pouvoir d'improviser leur succès. Nous comprenons donc qu'au jour de son avénement, votre institution, ayant besoin de capitaux, aît dû se conformer aux allures du marché, qu'elle ait craint d'ajouter à la difficulté d'être comprise en sa qualité d'idée nouvelle, la difficulté de faire comprendre une théorie particulière de crédit; cependant elle a dû prévoir qu'un jour ou l'autre il lui faudrait subir la nature exceptionnelle de ses emprunts; car il ne faut pas se le dissimuler, Messieurs, c'est quelque chose d'inusité que cette nécessité, sous peine de ne plus prêter, d'emprunter toujours. Or, n'apercevez-vous pas ce qu'il y a d'incompatible entre devoir emprunter sans cesse et vouloir obtenir parallèlement à la Bourse un cours supérieur à celui des émissions que vous faites; est-il possible, par exemple, d'offrir au siége de votre Société 25 francs de rente pour 500 francs, 4 francs par cent francs avec chances de lots, 3 francs par cent francs avec chances de lots et de primes, et d'espérer que les titres délivrés à ces conditions seront l'objet d'une hausse, quand vous savez que sur ce vaste marché de la Bourse on n'achète rien, sans avoir à payer l'intervention de l'intermédiaire ? C'est une charge que personne n'acceptera, sachant qu'en s'adressant à vous on peut l'éviter. L'ignorance seule peut conduire au marché, pour y chercher de seconde main ce que la vôtre distribue à un prix déterminé, sans frais accessoires. Est-ce à dire qu'il n'y aura jamais de faveur possible pour vos obligations? L'espoir contraire est des plus fondés; le prix des capitaux varie, le taux de vos emprunts variera donc; s'il devient plus avantageux pour vous, les souscripteurs de vos titres actuels les ayant obtenus à des conditions que n'auront plus ceux qui en prendront plus tard, le bénéfice de la différence entre les prix d'aujourd'hui et les prix d'avenir sera évidemment acquis aux souscripteurs d'aujourd'hui : cela n'est pas douteux.

Nous n'ignorons pas que, dans l'ordre des idées qui avaient inspiré votre emprunt de 200 millions, lorsque vous comptiez sur une élévation de cours pour votre émission, vous aviez aperçu comme probable, après réalisation de cette importante opération, la possibilité d'un temps d'arrêt. Comptant ne plus vendre, vous étiez en droit d'espérer que ce que vous auriez vendu serait d'autant plus recherché, que vous cesseriez plutôt d'offrir vos titres : ce résultat était vraisemblable. Les circonstances n'ayant pas permis qu'il fût vrai, vous n'avez pu suspendre vos appels au crédit; la continuité de vos émissions est restée le caractère particulier que vous imposent, selon nous, la nature, la marche, les exigences de votre institution, et nous sommes conduit à répéter que vos emprunts sont des opérations spéciales, dont le traitement ne peut avoir rien d'analogue à celui des appels que font au crédit l'Etat, les compagnies, les associations industrielles. A notre sens, Messieurs, cette spécialité doit être une des causes de votre succès; il nous semble qu'elle vous vaudra, sans partage, une confiance et des capitaux, qui ont leurs tendances particulières; car, croyez-le bien, les capitaux aussi ont des goûts, des préférences, des caprices même; les uns aiment la rente, les autres les chemins de fer, les obligations des villes; chaque valeur a sa clientèle, la terre a la sienne : à vous les capitaux qui aiment le sol et l'hypothèque, qui se prêtent pour longtemps. Vos obligations sont des contrats hypothécaires d'une forme, d'une dimension nouvelle; vous en avez à l'usage de toutes les bourses, de tous les placements, subdivisés à l'infini, au porteur ou nominatifs, et transmissibles par voie d'endossement, comme le dit le décret du 28 février 1852 ;

mais, à notre avis, dans cet état, ils sont d'une comparaison impossible avec les rentes sur l'Etat, les obligations des chemins de fer ou des villes, avec tous les titres, en un mot, dont l'émission est limitée ; en conséquence, ils ne sont pas facilement négociables, mais ils peuvent le devenir ; nous allons essayer de le démontrer.

Vous savez, Messieurs, cela est de notoriété publique, qu'en Allemagne les lettres de gage, quoiqu'elles ne réunissent point, à la faveur d'une garantie en immeubles, la garantie d'un capital social, s'éloignent cependant rarement du pair, même dans les plus mauvais jours de l'existence politique des peuples. Pourquoi vos obligations ne conserveraient-elles pas aussi au moins le pair de leur prix d'émission, si ce n'est mieux, suivant l'abondance plus ou moins grande des capitaux sur le marché? Vous êtes en droit de l'espérer pour bien des motifs.

En voici trois que nous proposons à vos réflexions.

D'abord, consentez à les émettre productives d'un intérêt quotidien (toutes celles du moins qui ne font pas partie de votre emprunt de 200 millions, dont la nature spéciale, dotée de lots et de primes, est peut-être un obstacle à la réalisation de cette modification ; mais, pour les autres, rien de plus simple) ; et, lorsqu'elles auront subi cette transformation, ne doutez pas de leur attrait pour les intermédiaires, qui, chaque jour, de comptoir en comptoir, vont offrir aux uns du papier, aux autres du numéraire.

Chez un habile capitaliste ou négociant, Messieurs, il n'y a jamais rien d'inoccupé dans son portefeuille ou dans sa caisse : si celle-ci est dans l'abondance, elle recherche les bonnes valeurs, celles que la place distingue. Nous avons dit ce que valaient vos titres ; croyez-nous, et, sans prévention d'auteurs, placez-les au premier rang du papier qu'on voudra posséder ; on les recherchera partout où il y aura des capitaux inoccupés ; ils peuvent devenir, à Paris, en province, sur toutes les places du monde, l'objet d'une confiance qui assurera leur négociabilité. Ce n'est point une espérance vaine que nous manifestons, mais fondée, évidente : l'évidence se montre et ne se démontre pas. Vous admettrez encore qu'après avoir été recherchés pour placements temporaires, l'escompte en sera facile aux conditions d'intérêt qui chaque jour accueillent les effets les plus favorisés. Nous avons expliqué comment ils ne laisseraient point de chances douteuses à celui qui les possédera ; nous avons dit qu'il n'y avait pas de valeurs fiduciaires plus rassurantes : c'est ainsi que difficilement négociables à la Bourse pour les causes que nous avons exprimées, elles y rentreront entourées de la faveur la plus légitime, et prendront place au premier rang des cours qui chaque jour déterminent le rapport du papier à l'argent, et réciproquement ; c'est ainsi encore que ce qu'on appelle le change de place leur assurera une négociabilité qui vaudra bien celle des titres sur lesquels la spéculation exerce ses plus actives combinaisons.

Mais ce n'est pas tout, il faut demander une faveur au Gouvernement, et cette faveur sera pour lui l'occasion d'en accorder une également au plus utile des établissements de crédit de l'Empire. La Banque de France doit vous attendre ; votre place nous y paraît marquée. Que fait cette puissante et prudente institution ? L'escompte à 90 jours et des avances sur dépôt de certains titres ; les nôtres n'ont pas encore le droit de cité dans ses caisses ; mais ce qui n'est pas peut et doit être, parce que la Banque de France aime à recueillir pour ses actionnaires toutes les chances de profit qu'entrevoit sa vigilante administration, parce qu'entre les titres admis au bénéfice des avances qu'elle consent, il n'en est pas un dont le service d'intérêt et de remboursement soient plus assurés que celui d'une lettre de gage ou d'une obligation du Crédit foncier de France. Si le Gouvernement reconnaît qu'il y a utilité et opportunité d'associer ces deux intérêts, il obtiendra de la Banque et du pouvoir législatif des dispositions dont l'usage, dans des limites et des conditions convenues, deviendra aussi bien la négociabilité que nous recherchons, qu'une source considérable de produits pour une institution, dont l'appui appartient à tout ce qui est digne de crédit et de confiance. Est-ce à dire que, par nous, secourable à la propriété, la Banque de France dérogera à ses principes, qui sont l'escompte et la mobilité de ses opérations? Est-ce à dire aussi que notre circulation pourra faire une concurrence quelconque à celle de la Banque de France? Il n'y a point de comparaison à établir, nous l'avons déjà dit, entre des billets de banque, dont l'émission possible est illimitée, et des lettres de gage, dont la circulation ne doit jamais dépasser le montant des prêts consentis. Loin de nous une pensée contraire, un vœu qui soit la négation des droits et des privilèges de la Banque de France; nous ne demandons pas davantage qu'elle prête à la propriété; nous ne proposons pas de lui présenter nos obligations pour en obtenir du numéraire et le prêter; ce que nous souhaitons, c'est qu'elle admette au second degré les emprunts que nous avons faits; c'est que, sachant comment nos obligations sont garanties par notre capital social, par un gage double de la somme prêtée, et par le tiers porteur qui les lui présentera, elle prête temporairement à ce tiers porteur, lorsqu'il le demandera.

Cette faveur, Messieurs, serait pour vos titres la plus efficace condition de négociabilité, de mobilité, de disponibilité qu'on puisse leur obtenir, et nous pensons qu'il ne serait pas de faveur plus méritée, car, nous le répétons, nous n'avons pas le droit d'émettre des obligations pour une somme plus importante que celle de nos contrats de prêts. Or, où pourrions-nous conduire la Banque par l'usage du concours que nous espérons? Tout à gagner, rien à risquer, un grand service à rendre, telle sera sa part, nous osons l'affirmer, et nous sommes convaincus qu'inspirée par les devoirs de son privilége et par le sentiment de ses intérêts, elle nous accordera, pour nos titres, la confiance hospitalière qu'elle n'a jamais placée et ne placera jamais avec plus de sécurité.

Enfin, Messieurs, viendra le jour, nous pouvons le prédire, où, indépendamment du change de place et de la banque, vous pourrez vous-mêmes concourir à la négociabilité de vos titres par l'installation d'une caisse de service, dont nous expliquerons le mécanisme tout à l'heure, dont l'existence et le jeu nous paraissent aussi probables qu'indiqués, et cela sans qu'il puisse trop vous en coûter pour son installation. En effet, serait-ce donc payer au delà de sa valeur le crédit que vous espérez, que d'avoir à la disposition de ceux qui possèdent vos obligations une caisse d'escompte? Si elles deviennent facilement escomptables, on vous en demandera d'autant plus, n'en doutez pas. Et que pourrait-il vous en coûter? Peu de chose, à notre avis; cette caisse de service ne vous imposerait pas de grands sacrifices.

Admettons que la bonne administration à laquelle on s'efforcerait de la soumettre ne parvienne pas à l'absoudre de toute perte d'intérêt, cette perte, certes, ne serait pas telle qu'elle ne pût être largement compensée par les avantages qu'elle développerait. Supposons 5 millions, par exemple, auxquels il ne serait possible de faire produire que 4 pour 100. Que serait-ce qu'une différence de 50,000 fr., comparée aux facilités de négociabilité, de disponibilité qu'elle aurait fondées? Nous ne saurions trop insister pour conquérir ce résultat, Messieurs, quelle qu'en puisse être la dépense. Alors, vous négocierez vos titres si vite et si bien, à des cours si avantageux, que non-seulement ils vous rendront, et au delà, le premier sacrifice consenti à leur intention, mais les conditions modérées, auxquelles vous obtiendrez des capitaux, assureront beaucoup plus rapidement qu'il n'est possible de l'espérer encore, la modération du taux d'intérêt des prêts que vous consentez. Hâtons-nous donc de réaliser ou les uns, ou les autres, ou tous ces moyens à la fois, si, comme nous, vous reconnaissez qu'ils sont utiles, indispensables même.

Ce point de vue n'est pas le seul qui appelle notre sollicitude. La disponibilité de vos obligations, la position que peuvent leur faire la confiance des capitalistes, l'accueil de la Banque de France, une caisse de service constituée au siége de votre Société, tout cela importe beaucoup sans doute, mais n'importe pas uniquement ; il faut encore reconnaître que, dans l'économie de votre institution, vos titres ont une destinée complexe : intéressants pour le public qui les souscrit, disponibles pour l'emprunteur, qui peut s'en servir à l'acquit de sa dette, principe des avantages sur lesquels repose l'espoir de votre prospérité, il n'est pas de soins, de vigilance administrative dont nous n'ayons le désir de les entourer. De même que l'Etat doit son crédit à l'admirable organisation de ses finances, les compagnies les plus en renom à l'ordre et à l'exactitude de leurs services ; de même vos obligations, qui circulent escortées de calculs, de tables de fonctionnement, d'engagements et de combinaisons, n'ont d'avenir que dans la précision de leurs mouvements, la régularité mathématique de la course qu'elles ont à fournir. Reportons-nous donc un instant aux lois qui les gouvernent, demandons-leur si tout ce qu'elles ont fondé, libellé, rédigé est, dans l'état actuel de votre organisation, si bien compris, si ponctuellement exécuté, qu'une déviation, une fausse manœuvre soient impossibles.

L'art. 87 de vos Statuts porte que les obligations foncières sont créées conformément aux dispositions des articles 13 et 14 du décret du 28 février 1852 et du § 2, art. 3 du décret du 28 mars suivant. Il y a contradiction entre cet art. 87 et l'art. 93. Celui-ci stipule que les obligations foncières sont *au porteur ;* mais si, comme le prescrit l'art. 87, elles sont créées conformément aux dispositions des art. 13 et 14 du décret du 28 février 1852, elles sont *aussi nominatives*, et transmissibles par voie d'endossement. Il y a donc à l'art. 87, quand il ne parle que d'obligations au porteur, ou contradiction, ou du moins une lacune à laquelle il sera facile de pourvoir ; nous ne la mentionnons que pour ordre, et nous poursuivons. Vos Statuts disent encore que les obligations ne peuvent dépasser le montant des engagements souscrits par les propriétaires d'immeubles en faveur de la Compagnie : injonction claire et précise. Nous avons déjà dit qu'elle était un motif du crédit qu'on vous accorde. C'est ainsi que vos titres ont un gage assuré, limité, connu, c'est-à-dire les prêts que vous faites, garantis eux-mêmes par des immeubles d'une valeur double de celle de la somme prêtée. Il n'est pas d'équilibre plus rationnel, plus nécessaire ; avec une bonne comptabilité des prêts, une comptabilité non moins exacte pour les titres, il est et il sera toujours facile de le maintenir. « La masse des engagements de la Compagnie, résultant en capital et intérêts des obligations foncières, ne doit pas excéder en capital et intérêts les engagements pris par les emprunteurs envers la Compagnie. » Voilà le principe, il importe à votre crédit qu'il soit toujours respecté.

Statutairement, vos obligations sont de 1,000 fr., peuvent être subdivisées en coupures dont la moindre est de 100 fr. Les subdivisions en titres de 500 fr. et de 100 fr. vous ayant paru plus favorables à la négociation, vous les avez adoptées ; mais ne serait-il pas bon de prévoir que, pour des placements à long terme, quand il s'agira de fonds d'incapables, de deniers dotaux, de sommes importantes en un mot, et qui redoutent le morcellement ; il y aura lieu de modifier en sens contraire la proportion fixée par les Statuts, et d'obtenir le droit d'émettre des obligations foncières de 10,000 fr., de 20,000 f., de plus fortes sommes même, le cas échéant? Ce serait une disposition extensive, que nous semble justifier l'art. 46 du décret du 28 février 1852. Elle serait non-seulement sans inconvénients, mais très-favorable au développement de facultés d'emploi, que le Crédit foncier de France ne saurait trop multiplier, et aurait pour conséquence la nécessité d'appliquer à des époques convenues, et suivant les besoins des incapables, un ou plusieurs semestres d'annuités, au remboursement des obligations foncières qui pourraient être souscrites sous condition de ne pas être sujettes aux lois ordinaires de l'amortissement.

Quant à la quotidienneté de l'intérêt, voici comment nous la comprenons : divisée par 360, et gravée sur le corps du titre même, afin que le jour où il achète, escompte ou négocie des obligations, le public puisse, au compte de ce qu'elles valent en principal, ajouter, sans effort de calcul, ce qu'il est en droit de répéter pour le temps qu'elles ont été en sa possession : ce serait en soi bien peu de chose que cette forme, cette manière de se présenter; mais elle a son importance, sa puissance de crédit, et nous aimons à vous en conseiller l'épreuve.

Nous avons à vous signaler encore, que, jusqu'ici, vos titres ont dû être signés par deux membres du Conseil et le Directeur ; aujourd'hui le Gouverneur est chargé de les viser, c'est-à-dire de veiller sur le principe d'équilibre entre leur montant et celui des prêts. Trouvez-vous qu'il y ait lieu de maintenir cette intervention de vos honorables signatures ; et lorsqu'en reconstituant votre institution le Gouvernement cherche dans les précédents ou les usages de la Banque de France des analogies, n'y avez-vous pas remarqué vous-mêmes que le Conseil de régence n'a pas le fardeau de ce fatigant détail? A la Banque, comme à la dette inscrite au Trésor, des agents comptables sont accrédités pour donner, soit aux billets de banque, soit aux titres de rentes l'exeat et la notoriété nécessaires. C'est une question de responsabilité pour certains chefs de service ; ce qui n'empêche pas qu'à la Banque le Conseil de régence, au Trésor le Ministre, par l'inspection, vérifient et contrôlent les actes, les émissions, les annulations. Vous savez à quel point la confiance publique est acquise à cette manière d'opérer. Quant au service des arrérages, son assimilation au service de la dette publique nous paraît ce qu'il y a de plus rationnel. Ainsi, comme pour les rentes nominatives, le timbre ou l'estampille ; comme pour les rentes au porteur, les coupons ; moyens ordinaires, méthode parfaite : l'excellence de sa théorie n'est pas contestable, celle de la pratique ne l'est pas davantage, quand surtout l'on voit les moyens d'exécution dont dispose l'État, quand on sait de quelle sorte, à l'administration centrale et dans les quatre-vingt-six départements de l'Empire, tout est organisé pour payer avec exactitude, promptitude et sécurité, à huit cent mille rentiers, à cent vingt-six mille pensionnaires les arrérages de leurs rentes ou de leurs pensions; mais pour votre institution, Messieurs, c'est tout un ordre de choses, sans organisation encore suffisante, que cet immense détail. Loin de nous la pensée de méconnaître l'incontestable progrès qu'a dû faire, qu'a fait même votre entreprise, le jour où le Gouvernement nous a permis d'invoquer la coopération des recettes générales et particulières;

ce jour-là votre crédit a été associé à celui de l'État lui-même. Nous avons déjà remercié, et nous remercierons souvent en votre nom et au nôtre MM. les Receveurs généraux de l'accueil qu'ils ont fait à cette autorisation. Nous avons sous les yeux quatre-vingt-cinq lettres, qui sont autant de témoignages de leur bonne volonté et de leur obligeance ; mais, à notre avis, ce n'est qu'un premier pas dans le progrès, et ceux qui restent à faire sont nombreux.

Lorsqu'en 1852, Président de la République, Louis-Napoléon fondait en France le Crédit foncier; lorsqu'Empereur, aujourd'hui, il lui témoigne tant d'intérêt, ne devons-nous pas apercevoir que sous de tels auspices il s'agit beaucoup moins pour nous d'une affaire que d'une institution; d'une véritable révolution économique; car c'en est une tout entière et de la plus grande portée, n'en doutez pas. Tout avait du crédit en France; la propriété seule n'en avait pas. On prêtait, on prête encore souvent aux idées les plus bizarres, aux folles conceptions. Pour la propriété, la petite surtout, l'usure et les contrats ruineux : tel était son partage; et, cependant, n'est-elle pas bien digne d'intérêt et de crédit? Pourquoi donc cette infériorité si peu méritée? Une haute et auguste intelligence ordonne la réparation, et vous a délégué l'honneur de la réaliser. Notre devoir est donc plus qu'une affaire, c'est une mission grande et noble qu'il faut accomplir, en demandant avec confiance à l'Empereur et à son gouvernement l'appui qui nous est encore nécessaire, indispensable même. C'est déjà une belle dot, Messieurs, qu'une dot de dix millions. De même que noblesse oblige, elle ne nous permet pas de manquer le but qui en explique et justifie la libéralité; mais par cela même qu'elle est d'une grande munificence, elle nous impose l'obligation de réussir. L'argent n'est pas tout en ce monde. Celui qui nous est donné n'est, à notre avis, qu'une partie de l'appui dont l'État peut disposer en faveur d'une entreprise qui, par l'opinion qu'il en a, et ce qu'elle lui coûte, n'est pas moins la sienne que la nôtre. Ce que nous pouvons, ce que nous devons demander encore, nous allons vous le dire: c'est non-seulement la persévérance, mais le développement des témoignages d'intérêt que nous avons reçus lorsque nous avons été recommandés aux agents du service de trésorerie. Il est une autre coopération, non moins désirable pour nous, et disponible, à notre avis, sans troubler en quoi que ce soit le service de ceux qui la peuvent accorder; cette coopération serait celle des administrations de l'Enregistrement et des Contributions directes, dont les concours peuvent être, en matière de crédit foncier, plus particulièrement secourables qu'aucun autre. En effet, Messieurs, quel est l'écueil, le seul danger de nos opérations? une fausse évaluation des gages immobiliers qu'on nous propose. Si nous sommes trompés à cet égard, il n'y a pas d'existence possible pour nous. Les combinaisons de caisses hypothécaires n'ont croulé que par là. Nous devons être beaucoup moins préoccupés des moyens d'obtenir de l'argent que de ceux qu'il nous faut pour être sûrs de le bien prêter. Cette seconde partie de notre programme commande la première. L'argent nous viendra d'autant plus abondamment qu'on nous saura mieux organisés pour en faire bon usage ; or, si ces vérités vous sont démontrées comme à nous, où trouverons-nous plus d'expérience en matière d'estimation, où pouvons-nous trouver des renseignements confidentiels et désintéressés avec plus de certitude que dans les administrations que j'indique? La pratique de cette pensée ne leur coûterait qu'un renseignement pour nous, une circulaire pour leurs subordonnés; elles nous rendraient un important service, qui ne coûterait à l'État qu'une part très-modérée, très-limitée de sa force et de sa puissance administrative, au profit d'une institution qui est la sienne, et au succès de laquelle il fait déjà contribuer si utilement la fortune publique par l'importante subvention qu'il nous accorde. C'est là qu'il faut placer nos espérances, puis la force des choses et le temps compléteront notre œuvre. Est-ce à dire, Messieurs, que nous vous ayons tout appris sur ce que nous avons à demander au Gouvernement? Il nous importe beaucoup, sans doute, que les propriétés soient bien estimées; mais lorsque nous aurons à considérer les conditions auxquelles nous pouvons leur prêter, la sécurité des contrats, les frais considérables auxquels les lois de procédure condamnent la petite propriété, de telle sorte que notre institution, plus particulièrement fondée pour elle, lui sera sans profit aucun, si la législation n'atténue pas certaines formalités qui gênent et paralysent ses mouvements; là encore nous aurons à nous adresser à l'État, car lui seul a le pouvoir de modifier les lois et les formes surannées, dont l'influence, le despotisme même, nuisent au progrès que nous recherchons; mais n'anticipons pas, et revenons à vos obligations.

Aujourd'hui, vous êtes en présence de deux systèmes d'émission, celui de vos Statuts et celui de votre emprunt de 200 millions. Celui-ci est une opération particulière, spéciale. Les deux cent mille numéros des titres qui le représentent sont dans une roue; en vain les a-t-on divisés par coupures de 500 fr., de 100 fr.; en vain, destinés qu'ils étaient à paraître au même taux de 3 pour 100 d'intérêt, a-t-on doté les uns de 3 pour 100, les autres de 4 pour 100, et les a-t-on classés par séries, pour attribuer au sort la mission d'en déterminer les époques de payement, la règle statutaire, qui veut que chaque série comprenne toutes les obligations créées au même taux d'intérêt, n'a point été respectée. Qu'il s'agisse de tirages pour distribution de lots, ou de remboursement avec prime, la roue tourne pour des obligations ne rapportant pas le même intérêt : cela est incontestable et non conforme au système inscrit dans vos Statuts, sans être irrégulier cependant, puisque cet emprunt est l'objet d'un décret particulier, d'une convention gouvernementale, qui en consacre la légitimité. Ce n'est pas tout : indépendamment de son régime propre, cette opération de 200 millions demande à être expliquée quant aux termes dans lesquels elle a été annoncée au public; voici à quel point de vue : vous avez dit : Création de deux cent mille obligations foncières de 1,000 fr., *donnant droit* à un intérêt de 3 pour 100 par an, au payement d'une prime de 200 fr., en cas de remboursement; et puis, remarquez bien ceci, à quatre tirages annuels de lots montant, pour 1853, à 1,200,000 fr.; pour 1854, à une somme égale, et pour chacune des années suivantes, à 800,000 fr. Vous entendez, Messieurs, *pendant les années suivantes,* quatre tirages de lots par année; c'est le 22 décembre 1852 que vous disiez cela. Enfin, cet emprunt, vous l'avez annoncé remboursable en cinquante années, à partir seulement du 1er mai 1854; d'où il suit que, pour les souscripteurs, le bénéfice des tirages de lots commence le 22 mars 1853; mais celui des tirages pour remboursement n'est possible et ne commence que le 22 mars 1854. Quelle est la conséquence de cet état de choses? C'est en cela que gît, à notre avis, l'incertitude. Elle résulte de l'avis primitivement donné, aussi bien que de l'engagement pris sur le titre lui-même, lorsqu'on les rapproche d'un autre avis publié en août 1853, qui, lui, ne dit plus les *années suivantes,* mais les *quarante-huit* années suivantes. Voici comment il s'exprime : Obligation remboursable au pair en cinquante ans, à partir du 1er mai 1854; droit, pour chacune des années 1853 et 1854, à 1,200,000 fr. de lots, et pour chacune *des quarante-huit* années suivantes, suivant détail ci-après, à 800,000 fr. Apercevez-vous, Messieurs, l'ambiguïté? Dans l'avis primitif, vous avez dit : les *années suivantes;* sur les titres, semblable avis; puis, une annonce ultérieure dit : *quarante-huit* ans; et comme, en définitive, le titre est remboursable en cinquante ans, que les remboursements commencent au 1er mai 1854, pour finir au 1er mai 1904; que vous vous êtes engagés à donner, quatre fois par an, le bénéfice de tirages de lots, la différence de rédaction entre l'avis du mois d'août 1853 et le titre vous conduit, après avoir payé des lots en 1853, à en payer pendant cinquante ans au lieu de quarante-neuf, à moins d'une interprétation à laquelle, pour notre compte, nous nous rallierions volontiers, équitable qu'elle nous paraît; la voici : Sur quoi, en réalité, les souscripteurs ont-ils compté, quand ils se sont présentés pour souscrire? Sur une obligation remboursable en cinquante ans, et dotée de quatre chances annuelles de gagner des lots : cette chance leur a été et leur demeure assurée; les 200 tirages de lots auront eu lieu; le deux centième se fera au 22 décembre 1902. Vous aurez donc légalement rempli vos engagements. Pourquoi aller au delà ? La cinquante et unième année de lots se justifie-t-elle par quelque grand service rendu à votre crédit ? Il est plus que probable que vous pensiez le contraire, lorsque vous avez publié l'avis du mois d'août 1853, fixant une limite de 48 ans. Gardez donc bonne note de vos tirages. Faites que chaque année un compte ouvert au grand livre de votre Société perpétue la tradition de ce qui s'est passé, et, lorsque apparaîtra le dernier délai de la période de cinquante ans, pendant laquelle vous aurez distribué les lots que vous avez promis, ce compte ouvert vous rappellera le droit que vous avez, par compensation à 4 tirages faits en 1853, de n'en pas faire à dater du 22 mars 1903. Une détermination contraire serait libérale, sans doute; mais, à moins d'un engagement dont nous n'apercevons pas le motif, nous ne lui trouvons pas de raison d'être, et elle coûterait à la Société 800,000 francs, somme dont l'importance est l'excuse des détails un peu multipliés dans lesquels nous avons dû entrer pour constater un fait, qui a sa gravité, si c'est une erreur; qui n'en a pas, si vous avez entendu placer le début de vos opérations de crédit sous les auspices d'une faveur exceptionnelle.

Quant aux autres circonstances de sa carrière d'un demi-siècle, cet emprunt doit encore être l'objet de bien des soins. Sa marche n'ayant pas été aussi rapide qu'on l'avait espéré, nous avons à dire comment, contraints que nous sommes de le contracter partiellement, et d'année en année, il y a lieu d'en assurer l'amortissement, de telle sorte que ceux qui le souscrivent aient l'assurance d'être remboursés en temps opportun.

Or, qu'y a-t-il à fonder pour cela? Un système, évidemment; car si tout était calculé, prévu, lorsque vous comptiez à la fois sur un emprunt promptement contracté et non moins promptement employé en prêts, tout est nécessairement à refaire en face de la situation expectante dans laquelle vous avez été placés. Elles sont dignes de méditation, Messieurs, les questions qui surgissent de cet état de choses. Lorsque vous mettez dans la circulation une obligation 3 pour 100 ou 4 pour 100, partie intégrante de 200 millions, vous en devez le remboursement au pair en cinquante ans, et le droit de ceux qui souscrivent vos titres date *du* 1er *mai* 1854. Voilà la loi pour ceux qui ont souscrit comme pour ceux qui souscriront. Le titre que vous livrez est remboursable en cinquante ans, à partir du 1er mai 1854; mais si votre obligation est soumise à cette règle, l'amortissement a aussi ses lois très-impératives même. Or, à cette nécessité d'amortir 200 milllions de francs à dater du 1er mai 1854, il faut un aliment certain, aliment dont vous n'avez pas la provision dans les termes de votre première combinaison, puisque vous n'avez pas prêté 200 millions à la même date. Il s'agit donc d'y suppléer. Nous avons entendu parler de plusieurs systèmes possibles. On a dit : La part de l'emprunt de 200 millions, prêtée en 1854 ou avant, reçoit, en annuités des prêts qu'elle a permis de consentir, son contingent d'amortissement : cela est incontestable, sinon, les prêts seraient mal faits, les annuités demandées insuffisantes, et nous savons le contraire. On a dit encore : Si l'emprunt de 200 millions fournit pour 10 millions de capitaux en 1855, et qu'on prête en proportion, il faut que pour ces 10 millions le service d'amortissement se fasse en quarante-neuf ans ; si 10 millions en 56, en quarante-huit ans ; si 10 millions en 57, en quarante-sept ans, et ainsi de suite jusqu'à réalisation des 200 millions. Mais a-t-on ajouté avec raison : Entre des prêts qui peuvent être faits pour cinquante ans, et des obligations remboursables en quarante-neuf, quarante-huit, quarante-sept, quarante-six ans, comment établir la correspondance? La course des prêts allant au delà du 1er mai 1904, ils ne peuvent plus servir à un amortissement qui devra être terminé avant; et on a conclu que, pour rétablir l'équilibre, il faudrait imposer aux emprunteurs une réduction de temps, et faire cela tant que l'emprunt de 200 millions ne serait pas réalisé; en d'autres termes, de ne plus prêter que pour quarante-neuf, quarante-huit, quarante-sept, quarante-six, quarante-cinq années, et ainsi de suite. Ce moyen serait, en effet, infaillible. Chaque fois qu'il nous sera possible de le pratiquer, nous n'y manquerons pas; seulement, nous ne croyons pas pouvoir l'imposer. L'article 70 des Statuts dispose que l'emprunteur doit contracter de manière que l'extinction de sa dette soit opérée dans un délai de vingt ans au moins, et de cinquante ans au plus. Il nous semble résulter de cette rédaction qu'il a le droit de fixer le nombre d'années pour lequel il lui convient d'emprunter; que la Société n'a pas celui de lui fixer une limite de durée d'emprunt. A notre sens, Messieurs, le choix entre le délai de vingt et celui de cinquante ans appartient à l'emprunteur. Nous croyons même que, pour le plus grand bien de son crédit, la Société est intéressée à ce qu'il en soit ainsi. Dans ce cas, il faut nécessairement trouver une méthode d'amortissement qui se prête à cette exigence. Or, voici par quels calculs nous croyons à l'efficacité de celle que nous allons indiquer.

Dans l'état actuel des choses, à valoir sur l'autorisation que vous avez reçue de contracter un emprunt spécial de 200 millions, vous avez émis pour 50 millions d'obligations environ, 25 millions en 3 pour 100, et 25 millions en 4 pour 100.

En nous plaçant dans les conditions les plus défavorables, est-ce trop présumer de votre crédit que d'espérer le complément de cette opération en quinze ans, à raison de 10 millions par année, *quand 10 millions viennent de vous être rapportés par la confiance publique dans l'espace de quatre mois seulement?*

Quoi qu'il en soit, nous avons eu l'honneur de vous faire observer comment, nonobstant cette succession d'opérations, il y avait lieu d'assurer un service d'intérêts et d'amortissement comme si toutes avaient été faites en une seule fois, avant ou au plus tard le 1er mai 1854. C'est donc cent payements semestriels entre cette date et le 1er mai 1904, dont il faut assurer les voies et moyens par les annuités de 50 millions de prêts hypothécaires déjà consentis à divers taux d'intérêts : 3,70, 4,25, 4,51 et 5 pour 100, et par celles de 150 millions de prêts que nous espérons faire à raison de 10 millions par année, à l'intérêt de 5 pour 100.

Ces voies et moyens, voici les calculs sur lesquels repose la conviction où nous sommes que nous les obtiendrons, sous réserve du service des lots et primes, dont nous vous entretiendrons à part. Ici, Messieurs, veuillez recueillir votre attention, car cette partie de notre revue n'est pas sans aridité, et, malgré tous nos efforts pour la rendre lucide, peut-être a-t-elle encore ses obscurités.

Pour rembourser, intérêts et amortissement compris, une obligation de 100 fr. 3 pour 100 en cinquante ans, il suffit d'une annuité de 1 fr. 93 c. 7057 dix millièmes de centime par semestre, soit 3 fr. 87 c. 4114 dix millièmes de centime par année ; à ce compte, les 25 millions que vous avez empruntés à 3 pour 100 doivent vous coûter 968,528 fr. 50 c. par année, ci. 968,528 50

S'il s'agit d'une obligation 4 pour 100 remboursable de la même manière, il faut une annuité de 2 fr. 32 c. 0274 dix millièmes de centime par semestre, soit 4 fr. 64 c. 0548 dix millièmes de centime par année. A ce compte, 25 millions empruntés à 4 pour 100 doivent vous coûter annuellement 1,160,137 fr., par année, ci . . . . 1,160,137 »

Ensemble. 2,128,665 50

pour les 50 millions aujourd'hui empruntés.

Mais, pour rembourser, intérêts et amortissement compris, les 150 millions que nous comptons emprunter à 4 pour 100 en quinze ans, à raison de 10 millions par année, pour les rembourser, disons-nous, d'ici au 1er mai 1904, n'ayant pour en assurer le service que des périodes de temps qui varient de quarante-neuf à trente-cinq ans, nous ne devons pas perdre de vue que l'annuité doit varier également, qu'elle sera d'autant plus forte que nous aurons un moins grand nombre d'années pour la répartir. Deux tableaux ci-joints, A et B, démontrent cette progression, et nous prouvent qu'à la somme de 2,128,665 fr. 50 c. d'annuités par an à payer pour les 50 millions aujourd'hui empruntés, nous aurons à ajouter en quinze ans 7,440,669 fr., pour les 150 millions que nous comptons emprunter, ce qui, la quinzième année et les années suivantes, occasionnera une dépense annuelle de 9,569,334 fr. 50 c. jusqu'au 1er mai 1904.

Il s'agit de savoir maintenant, si les prêts consentis aujourd'hui pour 50 millions, à consentir pour 150 millions en quinze ans, nous mettront en mesure d'acquitter cette dépense.

Lorsqu'ils sont faits pour cinquante ans à l'intérêt de 3 fr. 70 c. pour 100 fr., les prêts ont à payer, à titre d'intérêts et d'amortissement, une annuité de 2 fr. 20 cent. 2166 dix millièmes par semestre, 4 fr. 40 c. 4332 dix millièmes par année ; à ce compte, la somme de 22,432,800 fr., que vous avez employée en prêts au 30 octobre dernier, vous produit par année 988,015 fr.

Pour des prêts faits à l'intérêt de 4 fr. 25 c., l'annuité est de 2 fr. 42 c. 0610 dix millièmes par semestre, soit 4 fr. 84 c. 1220 dix millièmes de centime par année, soit 518,025 fr. 06 c. sur 10,700,300 fr. de prêts que vous avez réalisés.

Pour des prêts faits à l'intérêt de 4 fr. 51 cent., l'annuité est de 2 fr. 52 c. 6707 dix millièmes de centime par semestre, soit 5 fr. 05 c. 3414 dix millièmes de centime par année, soit 529,092 fr. 45 sur 10,470,000 de prêts que vous avez réalisés.

Pour des prêts faits à l'intérêt de 5 pour 100, l'annuité est de 2 fr. 73 c. 1188 dix millièmes de centime par semestre, soit 5 fr. 46 c. 2376 dix millièmes de centime par année, soit 349,422 fr. 73 c. par année sur 6,396,900 fr. de prêts réalisés, formant le complément de 50 millions.

Ainsi, recettes annuelles de prêts	à 3 70	988,015 »»
id.	à 4 25	518,025 06
id.	à 4 51	529,092 45
id.	à 5 »»	349,422 73
Ensemble		2,384,555 24

Mais, lorsque tout à l'heure nous avons compris dans la dépense de nos obligations non-seulement les 50 millions déjà empruntés, mais aussi les 150 millions que nous comptons emprunter, il est juste de prévoir ce que ces 150 millions prêtés produiront à leur tour d'annuités, pendant cette même période de quinze années ; ce produit, Messieurs, sera de 8,193,564 fr. par année, à dater de la quinzième année inclusivement, ainsi que le prouve le tableau B précité.

Or, recette annuelle sur 50 millions prêtés.	2,384,555 24
Recette espérée sur 150 millions à prêter . . .	8,193,564 »
Ensemble, annuellement	10,578,119 24

toujours à partir de la quinzième année inclusivement.

Situation qui donne, pour la quinzième année, la balance que voici :

[...]ecettes annuelles [...] la 15e année, et [...]ées suivantes.

		Sur 50 millions.	Sur 150 millions.	Total.
Sur prêts,	Recette,	2,384,555 24	8,193,564 »	10,578,119 24
Sur obligations,	Dépense,	2,128,665 50	7,440,669 »	9,569,334 50
		255,889 74	752,895 »	1,008,784 74

Les deux tableaux A et B, déjà indiqués, sont la justification de ces résultats ; et, pour vous faire partager la confiance qu'ils nous inspirent, permettez-nous d'ajouter que nous en avons demandé la composition à l'obligeance et à la toute spéciale aptitude de notre collègue M. Thibault.

Tableau A. *Annuités progressives, suivant que les Obligations sont remboursables dans diverses périodes, qui varient de 49 à 35 ans.*

DURÉE.	SEMESTRE D'ANNUITÉS.	TOTAL DE L'ANNÉE.
	fr. c.	fr. c.
49 années.	2.33 5383	4.67 0766
48 —	2.35 1313	4.70 2626
47 —	2.36 8118	4.73 6236
46 —	2.38 5859	4.77 1718
45 —	2.40 4602	4.80 9204
44 —	2.42 4416	4.84 8832
43 —	2.44 5381	4.89 0762
42 —	2.46 7581	4.93 5162
41 —	2.49 1110	4.98 2220
40 —	2.51 6071	5.03 2142
39 —	2.54 2576	5.08 5152
38 —	2.57 0751	5.14 1502
37 —	2.60 0736	5.20 1472
36 —	2.63 2683	5.26 5366
35 —	2.66 6765	5.33 3530

Tableau B. *Annuités à payer aux Obligations et à recevoir des Prêts pendant* 15 *années, à dater de* 1856 *jusqu'à* 1870 *inclusivement.*

DURÉE.	ANNUITÉS D'OBLIGATIONS, 10 millions par année.	DURÉE.	ANNUITÉS DES PRÊTS, 10 millions par année.	EXCÉDANT par ANNÉE.	TOTAUX DES EXCÉDANTS à la fin DE CHAQUE ANNÉE.
49 années.	467,076.60	50 années.	546,237.60	79,161. »	79,161. »
48 —	470,262.60	—	546,237.60	75,975. »	155,136. »
47 —	473,623.60	—	546,237.60	72,614. »	227,750. »
46 —	477,171.80	—	546,237.60	69,065.80	296,815.80
45 —	480,920.40	—	546,237.60	65,317.20	362,133. »
44 —	484,883.20	—	546,237.60	61,354.40	423,487.40
43 —	489,076.20	—	546,237.60	57,161.40	480,648.80
42 —	493,516.20	—	546,237,60	52,721.40	533,370.20
41 —	498,222. »	—	546,237.60	48,015.60	581,385.80
40 —	503,214.20	—	546,237.60	43,023.40	624,409.20
39 —	508,515.20	—	546,237.60	37,722.40	662,131.60
38 —	514,150.20	—	546,237.60	32,087.40	694,219. »
37 —	520,147.20	—	546,237.60	26,090.40	720,309.40
36 —	526,536.60	—	546,237.60	19,701. »	740,010.40
35 —	533,353. »	—	546,237.60	12,884.60	752,895. »
	7,440,669. »		8,193,564. »	752,895. »	

Vous le voyez, Messieurs, s'il ne s'agissait que de nos obligations et de nos prêts pendant ces quinze années, la situation de la Société serait déjà satisfaisante ; les annuités payées par les emprunteurs suffiraient à payer les annuités dues aux porteurs d'obligations. En totalisant à 1,008,784 fr. 74 c. ce résultat de quinze années, nous n'avons pas omis le résultat spécial à chaque exercice. Sur les tableaux que nous vous présentons, vous pouvez apercevoir que chaque année présente un excédant de recettes qui augmente progressivement au fur et à mesure des placements hypothécaires que vous faites. Mais ce n'est pas tout ; il ne nous est pas permis d'oublier les charges qu'impose le service des lots et des primes, celui de vos frais d'administration, celui des intérêts dus à votre capital social ; nous devons donc ajouter à une preuve, qui ne concerne encore que les annuités des prêts et celles des obligations, la certitude que nos ressources sont non-seulement suffisantes, mais plus que suffisantes pour arriver au but que nous poursuivons. Si nous parvenons à prouver cela, si l'excédant des annuités, la subvention, ce que nous avons à recevoir des emprunteurs pour frais d'administration, et les intérêts produits par notre fonds social, sont plus que suffisants pour acquitter les charges que nous imposent les lots et primes de nos obligations, nos frais généraux et les intérêts que nous devons payer à nos actions, nous pourrons porter au compte de profits et pertes l'excédant de nos recettes sur nos dépenses, pour en distribuer le résultat, d'une part, aux actionnaires en dividende, de l'autre, à un fonds de réserve, qu'il nous paraît prudent d'établir, afin de passer un jour, sans comparaison défavorable, de l'état de subvention qui nous protége actuellement à l'état de société livrée à ses propres ressources, chargée seule du soin de sa prospérité, *chargée surtout d'adoucir les conditions auxquelles on prête à la petite propriété.*

Examinons donc les choses à ce point de vue.

ACTIF.

L'excédant des annuités sera, sur 50 millions, déjà réalisés d'après la balance qui précède, d'une somme fixe annuelle de 255,889 fr.

Et, sur 10 millions par an, pendant quinze années, d'une somme annuelle qui s'accroîtra périodiquement de 79,161 fr., pour la première année, jusqu'à 752,895 fr., pour la quinzième, conformément au deuxième tableau B sus mentionné.

La subvention sera de 500,000 fr. par an sur 10 millions de prêts à réaliser.

Les frais d'administration seront de 290,955 fr. seulement sur les 50 millions de prêts réalisés, parce que ces frais ne nous sont payés que jusqu'à concurrence de 48 c. 7624 sur 6,396,900 fr. de prêts réalisés à l'intérêt de 5 pour 100.

Ils seront de 48,762 fr. 40 c. sur les 10 millions de prêts à réaliser par année, croissant progressivement.

Quant aux intérêts produits par notre fonds social, nous ne les évaluons qu'à 3 1/2 pour 100 par an. Ainsi calculés, sur 15 millions, ils produiront annuellement 525,000 fr.

PASSIF.

Nous évaluons nos frais généraux à 800,000 fr. par an, sans nous interdire, bien entendu, le ferme espoir de les réduire.

Les lots afférents aux obligations 3 et 4 pour 100, à raison de 40 c. par 100 francs sur les sommes versées par les porteurs.

La prime, à un cinquième du capital consacré à l'amortissement des obligations 3 pour 100, croissant comme l'amortissement.

Les intérêts à payer aux actions, à 5 pour 100 par an.

Pour faciliter l'intelligence de ces renseignements sur l'actif et le passif, nous avons composé un tableau C qui suit :

ACTIF.

ANNÉES D'EXERCICE.	EXCÉDANT D'ANNUITÉS		SUBVENTION sur 10 millions de prêts à réaliser par année.	FRAIS D'ADMINISTRATION		INTÉRÊTS du CAPITAL SOCIAL à 3 1/2 p. %.	TOTAL de L'ACTIF A RECEVOIR par ANNÉE.
	de 50 millions de prêts, réalisés sur même quotité d'obligations.	de 10 millions de prêts à réaliser par an à 5 % sur même quotité d'obligations 4 %.		sur 50 millions de prêts réalisés.	sur 10 millions de prêts à réaliser par année.		
1855	255,889.»	79,161. »	500,000.»	290,955.»	48,762.40	525,000.»	1,699,767.40
1856	255,889.»	155,136. »	500,000.»	290,955.»	97,524.80	525,000.»	1,824,504.80
1857	255,889.»	227,750. »	500,000.»	290,955.»	146,287.20	525,000.»	1,945,881.20
1858	255,889.»	296,815.80	500,000.»	290,955.»	195,049.60	525,000.»	2,063,709.40
1859	255,889.»	362,133. »	500,000.»	290,955.»	243,812. »	525,000.»	2,177,789. »
1860	255,889.»	423,487.40	500,000.»	290,955.»	292,574.40	525,000.»	2,287,905.80
1861	255,889.»	480,648.80	500,000.»	290,955.»	341,336.80	525,000.»	2,393,829.60
1862	255,889.»	533,370.20	500,000.»	290,955.»	390,099.20	525,000.»	2,495,313.40
1863	255,889.»	581,385.80	500,000.»	290,955.»	438,861.60	525,000.»	2,592,091.40
1864	255,889.»	624,409.20	500,000.»	290,955.»	487,624. »	525,000.»	2,683,877.20
1865	255,889.»	662,131.60	500,000.»	290,955.»	536,386.40	525,000.»	2,770,362. »
1866	255,889.»	694,219. »	500,000.»	290,955.»	585,148.80	525,000.»	2,851,211.80
1867	255,889.»	720,309.40	500,000.»	290,955.»	633,911.20	525,000.»	2,926,064.60
1868	255,889.»	740,010.40	500,000.»	290,955.»	682,673.60	525,000.»	2,994,528. »
1869	255,889,»	752,895. »	500,000.»	290,955.»	731,436. »	525,000.»	3,056,175. »
	3,838,335.»	7,333,862.60	7,500,000.»	4,364,325.»	5,851,488. »	7,875,000.»	36,763,010.60
				Passif ci-contre.			31,895,373.25
				Excédant actif à la fin de la 15e année. .			4,867,637.35

PASSIF.

FRAIS GÉNÉRAUX par ANNÉE.	LOTS, PAR ANNÉE, sur LES OBLIGATIONS 3 et 4 p. %.	PRIMES, PAR ANNÉE, sur 25 millions D'OBLIGATIONS 3 p. %.	INTÉRÊTS à payer aux ACTIONNAIRES à 5 p. %.	TOTAL DU PASSIF à payer PAR ANNÉE.	EXCÉDANTS. PASSIF.	EXCÉDANTS. ACTIF.
800,000.»	240,000.»	45,364.50	750,000.»	1,835,364.50	135,597.10	» »
800,000.»	280,000.»	46,735.50	750,000.»	1,876,735.50	52,230.70	» »
800,000.»	320,000.»	48,148.25	750,000.»	1,918,148.25	» »	27,732.95
800,000.»	360,000.»	49,603.50	750,000.»	1,959,603.50	» »	104,105.90
800,000.»	400,000.»	51,102.75	750,000.»	2,001,102.75	» »	176,686.25
800,000.»	440,000.»	52,647.25	750,000.»	2,042,647.25	» »	245,258.55
800,000.»	480,000.»	54,238.75	750,000.»	2,084,238.75	» »	309,590.85
800,000.»	520,000.»	55,878. »	750,000.»	2,125,878. »	» »	369,435.40
800,000.»	560,000.»	57,567. »	750,000.»	2,167,567. »	» »	424,524.40
800,000.»	600,000.»	59,307. »	750,000.»	2,209,307. »	» »	474,570.20
800,000.»	640,000.»	61,099.25	750,000.»	2,251,099.25	» »	519,262.75
800,000.»	680,000.»	62,946. »	750,000.»	2,292,946. »	» »	558,265.80
800,000.»	720,000.»	65,098.75	750,000.»	2,335,098.75	» »	590,965.85
800,000.»	760,000.»	66,808.75	750,000.»	2,376,808.75	» »	617,719.25
800,000.»	800,000.»	68,828. »	750,000.»	2,418,828. »	» »	637,347. »
12,000,000.»	7,800,000.»	845,373.25	11,250,000.»	31,895,373.25	187,827.80	5,055,465.15
					Excédant du passif.	187,827.80
					Reste en excédant actif.	4,867,637.35

Du tableau qu'on vient de lire il résulte, à la quinzième année, un excédant de recettes de 4,867,637 fr. 34 c. Sur cette somme, la Société pourra plus que facilement payer l'accroissement annuel de la prime, après la quinzième année, aux 25 millions d'obligations 3 pour 100, et distribuer même un dividende supplémentaire aux actionnaires.

Les 500,000 francs de subvention cesseront alors; mais en les déduisant de l'excédant annuel de 637,347 francs, il resterait encore, dans les conditions si prudemment modérées que nous venons d'indiquer, il resterait, pour les années suivantes, 137,347 francs d'excédant de recettes.

Si nous prêtions en outre 10 millions par année au même intérêt de 5 pour 100, pour représenter nos obligations 5 pour 100, ce seraient 20 millions au total par an. Les frais d'administration sur ces 10 autres millions, compris dans les annuités à payer par les emprunteurs, s'élèveraient chaque année à 48,762 fr. 40 c. pour chaque somme de 10 millions. Le chiffre de 5,851,488, porté dans la sixième colonne de l'actif du tableau C, serait donc doublé pendant les quinze années.

Les recettes ne feront que s'accroître ensuite d'année en année, et les quinze dernières annuités à percevoir après le 31 janvier 1904 sur les 20 millions de prêts, correspondant à des obligations déjà soldées, seront en totalité un bénéfice pour la Compagnie. Ne perdons pas de vue, cependant, qu'il peut y avoir des pertes dans les recouvrements des annuités, malgré les précautions sévères que nous apportons à l'examen des placements hypothécaires (il n'y en a pas une seule en retard de payement jusqu'à ce jour); quoi qu'il en soit, il sera prudent d'emprunter à ce bénéfice la dot d'un fonds de réserve, destiné à compenser les pertes possibles, et à garantir, par conséquent, l'intégralité de notre fonds social.

Vous le voyez, Messieurs, il nous est possible d'accepter dès à présent l'augure d'un rassurant avenir.

Maintenant, après avoir vu où nous conduit l'emprunt de 200 millions, en ce qu'il est ou doit être, nous avons à vous entretenir de la position que fait aux autres emprunts, que vous contractez ou contracterez, l'article 95 de vos Statuts; mais, avant lui, l'article 75 a aussi ses obscurités: il est relatif à la faculté qu'ont les emprunteurs, lorsqu'ils se libèrent par anticipation, de vous remettre en payement des titres de même nature que ceux émis en représentation de l'emprunt contracté; faculté qui n'est pas suffisamment définie, et qu'il convient d'expliquer. A notre sens, elle ne peut conserver d'équivoque : nous n'admettons pas que les emprunteurs puissent vous rapporter d'autres obligations, que celles qui ne vous causent aucun préjudice. Votre droit, à cet égard, nous semble incontestable : c'est plus que votre droit, c'est un principe. Que faut-il faire pour qu'il soit respecté? Si la recette que vous faisiez par le prêt était supérieure à la dépense que vous occasionnait l'obligation qui vous est rapportée, la différence est une perte que personne ne peut avoir la prétention de vous imposer : d'où l'on peut conclure que la comparaison des annuités réciproques doit servir de point de départ, pour fixer le cours auquel les obligations peuvent vous être offertes en remboursement; dans ce cas, les calculs deviennent faciles. Il suffit de comparer les annuités à payer aux obligations par la Compagnie à celles qui lui sont dues par les emprunteurs, pour en tirer cette conséquence : qu'on ne doit pas vous rapporter une obligation vous coûtant une annuité moindre, que celle de l'obligation que vous pourriez éteindre avec l'annuité du prêt, qu'on vous propose de rembourser.

En effet, si l'emprunteur à l'intérêt de 5 pour 100 rapporte une obligation 4 pour 100 avec lots représentant une annuité de 5 fr. 04 c. 0548 dix millièmes de centime pour 100, au lieu d'une obligation 5 pour 100, que représente une annuité de 5 fr. 46 c. 2376 dix millièmes de centime pour 100 (les deux annuités calculées sur une durée de cinquante ans), la différence de 42 centimes 1828 dix millièmes pour 100 est une perte annuelle pour la Société, pendant tout le temps qui reste à courir jusqu'à l'échéance de l'obligation; en d'autres termes encore : l'emprunteur vous condamne à laisser dans la circulation une obligation 5 pour 100, correspondante au prêt qu'il rembourse, tandis qu'il en retire une obligation qui n'y correspond pas. Ce sont là, Messieurs, des prémisses qu'il nous paraît impossible de contester.

Voici, à notre avis, les conclusions qu'on en doit tirer, et quelles sont, dans l'état actuel des choses, les obligations qui, aux termes de l'article 75 des Statuts, peuvent être, à l'occasion de remboursements anticipés, présentées par les emprunteurs :

Pour des emprunts à 3 fr. 70 c., des obligations quelles qu'elles soient;

Pour des emprunts à 4 fr. 25 c., des obligations 4 et 5 à leur choix;

Pour des emprunts à 4 fr. 51 c. ou à 5 pour 100, des obligations 5 pour 100;

puisque, dans tous ces cas, les annuités desdites obligations ne sont pas inférieures à celles des prêts.

Mais là ne s'est pas bornée notre sollicitude. Nous avons tenu à rechercher les moyens de faciliter à tous les emprunteurs leur libération en toute espèce d'obligation, cela sans préjudice pour la Compagnie, et suivant les principes que nous venons de poser ; nous avons donc dû rechercher la valeur relative des obligations d'après la comparaison de leur annuité et de celles des prêts pour le temps restant à courir jusqu'à l'échéance des obligations. A mesure qu'elles approchent de l'époque à laquelle elles doivent être remboursées, elles acquièrent une valeur relative plus considérable pour les emprunteurs comme pour la Compagnie, qui, lorsqu'on les lui rapportera en remboursement d'emprunts, payera d'autant moins de différences que l'époque d'échéance du remboursement sera plus rapprochée. Nous pouvons dès à présent vous rendre un compte sommaire de l'application de cette théorie, en ce qui touche la faculté, par exemple, que pourrait réclamer un emprunteur à 5 pour 100, de se libérer en obligations 4 pour 100 avec lots; les calculs qu'il faudra faire pour la pratique complète de notre pensée, pour la rendre applicable à toutes les obligations, sont faciles, mais longs à établir. Nous les avons complétés et annexés à ce rapport. Du premier tarif dressé pour les cinquante années de la durée de notre emprunt de 200 millions, sur la comparaison des annuités à l'intérêt de 4 fr. 40 c. 4355 pour 100, afférentes aux obligations 4 pour 100 avec lots, et des annuités des prêts à 5 pour 100, pour une durée correspondante, il résulte qu'un emprunteur à 5 pour 100 pourrait, en 1855, se libérer en obligations 4 pour 100 avec lots au cours de 92 fr. 27 c. 75, et au cours de 99 fr. 39 c. 11 à la quarante-neuvième année, en 1903.

Est-il besoin d'ajouter qu'à la fin de la cinquantième année ces obligations valent le pair pour la Compagnie, puisqu'elle en doit alors le remboursement ?

Vous nous excuserez, Messieurs, d'exiger autant de votre attention ; mais nous sommes forcé de la réclamer encore, car l'intéressante institution confiée à nos soins n'est pas de celles dont on peut expliquer superficiellement le programme et restreindre la démonstration.

Nous avons eu l'honneur de vous dire que nous appellerions votre attention sur l'article 95; dans tout ce qu'il prescrit, il n'y a rien de conforme à ce que vous pratiquez pour votre emprunt de 200 millions. Les obligations foncières, dit-il, sont classées par séries, dont chacune comprend toutes les obligations créées au même taux d'intérêt. Vous savez que dans la roue destinée à votre emprunt de 200 millions il y a du 3 et du 4 pour 100 : première différence; en voici une seconde : les obligations, dit cet article, n'ont pas d'époque fixe d'exigibilité pour le capital; vous savez que le remboursement de celles de votre premier emprunt est exigible en cinquante années; on sait à quelle date s'épuisera la roue qui décide des chances de votre première opération de crédit : il y a là une limite connue ; mais quel système de tirages adopter pour des obligations qui n'ont pas d'époque fixe d'exigibilité, et que le public, cependant, suppose remboursables en cinquante ans ? car, ainsi que nous l'avons déjà expliqué, il s'imagine que les prêts que vous faites, étant le gage des capitaux qu'il vous prête, et ces prêts devant être amortis en cinquante ans au plus, il s'imagine, disons-nous, que leur amortissement assure le remboursement des capitaux qu'il vous confie dans une même période. Quant à nous, Messieurs, nous nous sentons du respect pour cette croyance, et, pour y faire droit, nous ne verrions aucune difficulté à classer des séries d'obligations émises en trois ou quatre exercices, par exemple, pour les déposer dans des roues successivement créées et les annoncer remboursables dans une période déterminée, comme nos premiers 200 millions, qui sont remboursables en cinquante ans. Tout ce qui peut nous éviter de varier nos méthodes nous agrée, mais de bons esprits sont d'un autre avis; la multiplication des roues les effraye, ils ne redoutent pas l'éternité possible de carrière pour des obligations qui, déposées dans une roue unique, sans cesse nourrie d'émissions successives, peuvent y rester indéfiniment plongées ; à leur sens, il suffit que ces obligations soient soumises à la loi du principe qui veut que le montant des obligations en circulation ne dépasse jamais le montant des prêts consentis, et soumises également à la loi de conformité de taux de l'intérêt, ce qui cependant nous conduirait au moins à cinq ou six roues de tirages pour les emprunts ultérieurs, car il est plus que probable que souvent les taux de ces emprunts à venir varieront en 3, 4, 5, 3 1/2, 4 1/2; or donc, à quel système donner la préférence ? Nous vous demanderons, Messieurs, la permission d'en conférer avec vous. Aucun n'offre de difficultés pratiques insurmontables; et si nous préférons instinctivement celui qui nous paraît plus conforme aux tendances de l'opinion, ce n'est pas un motif de résister à des conseils trop éclairés et trop précieux, pour perdre une seule occasion de les invoquer. Lorsque nous en serons là, nous vous rappellerons aussi qu'il nous importe de prévoir les embarras à venir de la multiplicité de nos titres. C'est quelque chose de considérable que cet immense détail de nos émissions perpétuelles, car 100 millions de francs peuvent être représentés par un million de numéros de 100 francs ou 200,000 numéros de 500 francs, ce qui vous conduirait, au quatre-vingt-dix-neuvième semestre, à faire, pour l'amortissement de 2,599,500 francs, le tirage de 25,995 numéros de 100 francs et de 5,199 numéros de 500 francs. On aperçoit la difficulté, pour ne pas dire l'impossibilité d'une semblable opération. Il n'est qu'un moyen de la simplifier : il doit consister à tirer par groupes au lieu de tirer par numéros. On pourra décider, par exemple, qu'un numéro représentera une somme de 5,000 francs, soit en numéros de 100 francs, soit en numéros de 500 francs qui, s'ils étaient tirés successivement, donneraient lieu, les 5,000 francs en 100 francs, à 50 numéros au lieu d'un, et les 5,000 francs en 500 fr., à 10 numéros au lieu d'un.

Alors il deviendra matériellement possible de faire « que chaque tirage comprenne le nombre d'obligations nécessaires pour opérer un amortissement d'obligations au moins égal à l'amortissement des capitaux prêtés. »

Mais, Messieurs, prêter des capitaux, les prêter avec sécurité, non-seulement pour vous qui les garantissez par votre fonds social, mais avec sécurité pour ceux qui vous en prêtent bien au delà du fonds de garantie que vous avez constitué, cette mission, que nous appelions à l'instant grande et noble, avons-nous le pouvoir de la remplir? et lorsqu'il attend de nous toute la vérité, n'est-il pas de notre devoir de rappeler au gouvernement, que le but qu'il se propose est le plus souvent inaccessible, que la propriété foncière est pleine de périls pour ceux qui lui prêtent, et que, si intelligentes que puissent être les combinaisons financières dont nous avons développé l'économie, elles ne pourront rien contre des difficultés inhérentes au régime hypothécaire déjà amendé, il est vrai, à l'occasion de notre institution, mais encore embarassant à tel point, que, s'il n'est pas promptement l'objet d'importantes modifications, notre bonne volonté peut devenir stérile? Pourquoi l'usure et ses abus? Personne n'ignore que l'intérêt de l'argent s'élève en proportion des risques que court le prêteur de n'être pas remboursé. Le crédit nécessaire à la propriété lui serait donné sans réserve et à tout aussi bon compte qu'à l'industrie, s'il était possible de la mieux connaître, de ne pas douter quand elle se dit libre. Elle croit l'être, le prétend toujours; mais lorsque, les lois à la main, nous lui demandons la preuve de cette liberté, quand il s'agit de compter avec les droits des femmes et des mineurs, quand il n'est pas possible de déclarer nulles les garanties hypothécaires qui ont la prétention, le droit même de subsister sans être inscrites, comment prêter avec sécurité, prêter ainsi pour cinquante ans, être sûr de toujours prévaloir contre les droits occultes des tiers, et ne pas exposer ceux qui nous prêtent à de cruels mécomptes? Il nous est impossible, Messieurs, de ne pas fixer votre pensée sur cette délicate question du régime hypothécaire et de l'état de la propriété en France. On obtient du crédit, vous en aurez, n'en doutez pas; mais qu'en ferez-vous, s'il se développe au delà de l'emploi que vous en pourrez faire? Insistez donc pour obtenir des modifications déjà demandées, dont il appartient à l'Administration supérieure de prendre l'initiative. Réclamez-les pour vous, sans doute; mais si vous pouvez éviter en ces matières de vous attribuer le monopole du progrès, n'y manquez pas. Il n'est pas de pouvoir qui fasse volontiers des réformes aussi radicales au profit d'une association particulière; il faut les faire au profit de tout le monde : les lois, comme le soleil, pour tous; cela vaut mieux.

C'est surtout la puissance législative qui est appelée à vous venir en aide, et elle a certainement, nous sommes heureux de le dire, la conscience de nos besoins et de la satisfaction qu'elle peut et doit leur apporter. Nous en trouvons la preuve dans les dispositions principales du projet de loi sur la transcription, dont elle s'est déjà occupée à plusieurs reprises, et qu'elle adoptera, il faut l'espérer, au commencement de sa session prochaine.

Il importe, en effet, pour la consolidation de la propriété et la sécurité des prêts hypothécaires, que les droits, résultant des actes soumis à la transcription, ne puissent, comme le propose l'art. 3 de la loi, être opposés aux tiers, qui ont régulièrement acquis des droits sur un immeuble avant l'accomplissement de cette formalité.

Il importe que l'action résolutoire ne subsiste pas, après l'extinction du privilége du vendeur, au préjudice des tiers, qui ont pris inscription sur l'immeuble du chef de l'acquéreur (Art. 7).

Il importe que, pour conserver son effet, l'hypothèque de la femme, devenue veuve, et du mineur, devenu majeur, soit inscrite dans un délai déterminé (Art. 8).

Il importe, enfin, que la subrogation dans l'hypothèque légale de la femme mariée ne puisse résulter que d'un acte authentique, que les cessionnaires de cette hypothèque ne soient saisis vis-à-vis des tiers que par l'inscription, et que l'inscription détermine l'ordre dans lequel les créanciers subrogés exercent leurs droits (Art. 9).

Malheureusement, l'efficacité de ces dernières dispositions, auxquelles nous ne pouvons qu'applaudir, se trouve singulièrement restreinte par les termes de l'art. 11, qui ne les déclare applicables qu'aux actes et jugements postérieurs à la loi.

Le même art. 11 limite d'une manière non moins fâcheuse les conséquences que les art. 5 et 4 attachent au défaut de transcription.

De semblables restrictions, si elles étaient maintenues, reporteraient à une époque fort éloignée une réforme dont tout le monde reconnaît l'urgence, et feraient par suite disparaître en grande partie, pour notre Société, le bienfait de la loi.

Un article fort remarquable, que vous connaissez tous, et qui a paru dans la *Gazette des Tribunaux* le 14 mars 1854, a démontré que les rédacteurs de cet article 11 se sont laissé entraîner par un respect exagéré, nous dirons même illogique, du principe si respectable de la non-rétroactivité.

Nous ne répéterons pas ici en d'autres termes ce qui a été si bien dit dans l'article que nous venons de rappeler ; nous nous contenterons de faire cette seule observation : c'est qu'en rendant applicables ses articles 1, 2, 3, 4 et 9 aux actes et jugements antérieurs à sa promulgation, la loi nouvelle ne serait pas plus entachée de rétroactivité qu'elle ne le sera en fixant, comme elle le fait par ses art. 7 et 8, un délai fatal pour remplir les formalités nécessaires à la conservation ultérieure, tant de l'action résolutoire des vendeurs, dont le privilége est éteint, que de l'hypothèque légale des femmes, après la dissolution du mariage, et des mineurs, après leur majorité.

Nous signalerons maintenant dans la loi diverses lacunes, que nous aurions grand intérêt à voir combler.

Il conviendrait, suivant nous, d'ajouter à l'art. 9, relatif à la subrogation par la femme dans son hypothèque légale, trois nouveaux paragraphes :

Le premier, déclarant, par application du grand principe de la spécialité en matière d'hypothèques conventionnelles, que le créancier, en faveur duquel une subrogation a été consentie par la femme mariée, ne peut s'en prévaloir que sur les immeubles nominativement hypothéqués par le mari ;

Le deuxième, portant que la radiation consentie par le créancier subrogé devient définitive, et que cette radiation a pour effet d'affranchir complétement l'immeuble à l'égard de la femme, de tous les effets de l'inscription prise par le créancier ;

Le troisième, consacrant par un texte précis le dernier état de la jurisprudence, qui permet à la femme de subroger dans son hypothèque légale sans s'obliger personnellement.

Il y a un inconvénient, très-grave à nos yeux, à laisser subsister plus longtemps un doute qui tend à compromettre les intérêts que notre législation a l'intention de sauvegarder. C'est à ce doute, en effet, qu'il faut attribuer l'habitude qui s'est introduite dans la pratique des affaires, d'exiger toujours l'engagement solidaire des femmes mariées. Or, n'est-il pas évident que la femme s'expose moins en renonçant à son hypothèque qu'en contractant un engagement personnel ?

On devrait même étendre les facultés de la femme, et lui permettre, alors même qu'elle est mariée sous le régime dotal, de donner mainlevée de son inscription et de renoncer à son hypothèque. Il y aurait moins de danger, sans doute, à lui accorder ce pouvoir, dont l'exercice exigerait une initiative de sa part, un acte personnel et réfléchi, qu'à laisser la purge s'opérer par le résultat de son inaction, par ce fait seul qu'elle s'est abstenue de prendre une inscription à la suite d'une notification, qui, souvent, n'arrive pas à sa personne.

Indépendamment de ces dispositions, qui se rattachent directement à l'art. 9, il existe d'autres améliorations à apporter au régime hypothécaire, qui rentrent tout aussi naturellement dans le cadre d'une loi sur la transcription, et que, par ce motif, nous regrettons vivement de ne pas voir figurer dans celle qui nous occupe.

Ces améliorations, sur l'opportunité desquelles tous les jurisconsultes sont d'accord, et qui figuraient presque toutes dans la loi hypothécaire, telle qu'elle avait été adoptée par l'Assemblée législative à la deuxième lecture, sont les suivantes :

1° Suppression du privilége accordé par le Code Napoléon à l'architecte et au constructeur ;

2° Restriction du privilége des cohéritiers ou copartageants pour soultes et retours de lots aux immeubles compris dans le lot chargé de la soulte ;

3° Modification, en faveur des créanciers hypothécaires, de la disposition en vertu de laquelle les priviléges généraux sur les meubles affectent les immeubles, à défaut de mobilier suffisant (Les priviléges généraux sont un obstacle presque absolu aux prêts que réclame la petite propriété) ;

4° Faculté de stipuler dans le contrat de mariage qu'il ne sera pris aucune inscription ;

5° Même faculté en faveur du tuteur, après décision du Conseil de famille, homologuée par le tribunal ;

6° Détermination par le contrat de mariage, ou par la délibération du Conseil de famille, de la quotité de la somme à raison de laquelle existera l'hypothèque légale ; et, comme conséquence, application, dans le cas où une hypothèque légale aurait été inscrite pour une somme déterminée, de l'art. 3 de la loi du 10 juin 1853 ;

7° Assimilation complète, pour l'emploi des deniers dotaux, des placements en lettres de gage aux placements hypothécaires ;

8° Réduction à deux mois, au lieu de six, du délai imparti aux créanciers et légataires, pour conserver, par une inscription, le privilége de la séparation des patrimoines, et obligation de prendre cette inscription, même au cas d'acceptation bénéficiaire de la succession.

(On sait que, d'après la jurisprudence actuelle, la séparation de patrimoines a lieu de plein droit, même dans le cas où l'acceptation bénéficiaire devient forcée par le fait d'une minorité, et que, dans ce cas, l'acceptation pure et simple, faite ultérieurement par l'héritier bénéficiaire, ne la fait pas disparaître.)

En terminant ce rapide aperçu des réformes dont nous nous ferons un devoir de poursuivre la réalisation, nous croyons devoir rappeler qu'une Note, qui vous a été précédemment soumise, a démontré d'une manière péremptoire l'avantage qu'il y aurait pour le CRÉDIT FONCIER à pouvoir prêter sans hypothèque aux départements, communes et établissements publics. C'est encore là un point important, pour lequel il appartient au législateur de nous donner les autorisations nécessaires.

A notre avis, Messieurs, il n'est rien de plus urgent que ces réformes ; pour qu'il nous soit possible de rendre service à la propriété, de lui donner le crédit qu'elle attend de nous, il faut qu'elle soit disponible, qu'on puisse traiter avec elle à ciel ouvert. On nous reproche souvent de la sévérité, de la rigueur ; mais que ne nous est-il donné de produire les masses d'irrégularités dont nous avons pris note, et qui encombrent nos cartons, après avoir obstrué les demandes d'emprunt qu'on nous adresse?

Le régime hypothécaire anéantit l'une des plus incontestables utilités du sol. Que de services rendrait la propriété si, indépendamment du crédit spontanément accordé aux personnes, il était au pouvoir de ceux qui possèdent des terres, des maisons, d'ajouter à leur solvabilité personnelle la garantie d'un apanage régulièrement possédé ! lorsqu'à l'instant, Messieurs, nous rappelions à vos souvenirs les principales circonstances de vos opérations de crédit, nous n'occupions pas votre temps plus utilement que nous ne devrions l'occuper encore, si nous développions, autant qu'elle le mérite, cette grave question du régime hypothécaire, dont il importe de ne pas détacher celle des lois de procédure. Nous déclarons que chaque jour elle se dresse devant nous comme un immense obstacle. L'usure n'a pas d'autre raison d'être pour s'imposer, et elle continuera son rôle de destruction tant qu'il ne sera pas possible de prêter à la propriété en toute sécurité.

C'est moins par des combinaisons financières que par la révision du Code Napoléon et des lois de procédure qu'on peut fonder le Crédit foncier, nous en sommes convaincu. Lorsqu'en pays étranger il fonctionne si bien, pourquoi chez nous tant de lenteur à l'accueillir ? Parce qu'il y a une différence notable entre les conditions de forme auxquelles on possède en France et celles de la propriété dans les pays dotés de l'institution qui nous occupe. Sur cette question de réforme du régime hypothécaire, espérons qu'il nous sera permis d'invoquer l'appui de la magistrature ; nous le demanderons avec instance et avant tout autre concours, car, nous le répétons, quel que puisse être notre crédit, si nous en avons utilisé les premières forces en acceptant pour gage des propriétés urbaines, ou des immeubles de province, acquis, vendus, possédés dans des circonscriptions privilégiées, où aucuns soins, aucune régularisation n'ont manqué aux mutations, il n'en est pas de même dans une multitude de lieux, déshérités de ces avantages, où les souffrances, les embarras que nous avons mission de conjurer ne peuvent que rester l'attribut des situations équivoques qu'elles paralysent.

Je voudrais pouvoir vous dire, Messieurs, que ce vœu pour une prompte réforme de ce régime périlleux est le dernier que nous formons ; par son importance, il serait, certes, bien digne de clore la série des réflexions dont nous avons depuis une heure occupé votre attention, mais il nous conduit à en formuler un autre, qui concerne le notariat. Nous avons avec beaucoup de notaires de très-bons rapports, mais, en général, notre institution les préoccupe. Comme cette préoccupation est regrettable et que de bien elle empêche ! Le notariat se trompe ; l'institution du Crédit foncier n'est plus contestable, et, comme l'a dit, avec une autorité que nous n'avons pas, un ancien président de la Chambre des notaires de Paris, notre honorable collègue M. Hailig, personne ne peut vous empêcher de marcher d'un pas ferme vers le but que la loi vous assigne. Pourquoi donc cette résistance, qui à notre avis n'est pas même intéressée, car plus nous prêterons à la propriété, plus l'argent distribué par nos soins développera de transactions et d'affaires ? Il existe à Paris un établissement qui a presque la puissance d'une institution, et dont l'intelligente existence est la critique la plus heureuse de tout ce qui résiste à un progrès utile. Cet établissement, vous le connaissez tous, Messieurs. Qu'ont fait les Messageries impériales à l'avénement des chemins de fer? Elles se sont installées sur les lignes, et par des services nouveaux ont rayonné en détail, pour créer des compensations à leur circulation interrompue ; après avoir sillonné les grands chemins et les voies ferrées, aujourd'hui elles sillonnent les mers : au lieu de nier le progrès, elles s'en emparent. Le notariat nie le Crédit foncier ; il a tort, il ne comprend pas que c'est un allié ; que, pour lui comme pour nous, il s'agit des plus chers intérêts de la propriété, dont il vit, et dont il vivra d'autant plus que nous nous réunirons plus vite pour faciliter les transactions dont elle peut être l'objet. J'exprime donc ici le vœu d'un prompt retour à plus de sympathie et de justice. Si MM. les notaires le veulent, nous pouvons ensemble conjurer beaucoup de difficultés, et, comme l'a dit encore l'honorable M. Hailig, développer la généreuse pensée du Souverain, en réalisant pour la propriété, pour eux et pour nous des avantages qu'ils peuvent retarder, qu'ils ne sauraient empêcher, qu'ils finiront par ne pas partager, s'ils continuent à nier l'évidence. Quel bon service nous pourrions faire, Messieurs, si, protégés déjà que nous sommes par les premiers lieutenants du crédit de l'État dans les départements et tous les arrondissements de France, il nous était possible de compter sur dix mille notaires, prêtant à notre institution un loyal concours, recevant de nous des services équivalents à ceux qu'ils peuvent nous rendre ! De leur première impression nous en appelons à leur aptitude, à leur patriotisme et à leur intérêt : la lumière se fera, elle se fait chaque jour, il n'est pas de courrier qui n'apporte quelque témoignage de bon vouloir, une preuve que l'opinion se rectifie.

Les corporations, habituées à vivre de traditions, ont naturellement peu de goût pour les innovations ; mais, en définitive, il y a quelque chose de plus fort que les résistances de la routine, que celles de l'intérêt privé mal compris, c'est la puissance des progrès utiles, la puissance de ce qui est fondé dans un intérêt général. Nous l'avons dit, le Crédit foncier de France n'est point une affaire, c'est une institution; comme la Banque de France, à son début, il est aussi l'objet de quelque défiance ; mais, comme elle, il grandira : les analogies sont frappantes. La Banque a commencé péniblement ; il n'y avait à Paris, en 1796, qu'une Caisse des comptes courants, lorsqu'un arrêté des consuls créa l'établissement que chacun admire aujourd'hui. Bientôt il fut prouvé que la dispersion des capitaux le condamnait à de stériles efforts. Les régents n'hésitèrent pas ; ils demandèrent, à titre de fonds de roulement, la moitié des cautionnements, à fournir alors par les receveurs généraux. *Ce n'est pas d'hier, comme vous le voyez, que le service de trésorerie prouve son utilité.* Cette demande fut accueillie, et 5 millions furent versés à la Banque pour prix de 5,000 actions inscrites au nom de la Caisse d'amortissement ; on y versa également les fonds déposés à la Caisse des réserves de la Loterie nationale. La fusion avec la Caisse des comptes courants fut décidée : vous savez le reste. Quoi de plus ressemblant au début du Crédit foncier, protégé qu'il est par l'Empereur, subventionné par l'État, réalisant des fusions et groupant des forces et des systèmes dont la dispersion et la diversité pouvaient nuire ; ne dirait-on pas que chaque jour il imite la Banque de France, et se place sous les auspices d'un passé qui répond de son avenir? Nous ressentons un regret, Messieurs, celui de ne pouvoir procéder plus vite, tant nous sommes convaincu de l'excellence de notre institution; et lorsque, attentifs à les faire valoir, nous étudions les moyens d'avancer, nous nous demandons, entre autres, si la lenteur de nos progrès ne dépend pas un peu du trop petit nombre de nos relations avec la province? C'est ainsi que le système des directions provinciales, tel qu'il nous est apparu, nous semble insuffisant, nous devons vous le dire, et, à notre avis, il ne rend pas des services proportionnés à ce qu'il coûte. Quels que soient le dévouement, la capacité des dépositaires de votre confiance, un seul directeur pour trois départements ne peut donner le concours d'influence et d'activité qu'il faut pour enseigner une idée nouvelle, la pratiquer et lutter avec succès contre les préventions qu'elle peut inspirer. Le cœur humain est ainsi fait, Messieurs, et ne va pas au-devant des meilleures choses; il faut les mettre à sa portée, les lui faire voir et toucher, et, pour peu que quelques lieues séparent une population du centre où elle pourrait former sa conviction sur une institution, une invention, le progrès le plus évident, elle ne se dérangera pas pour connaître, se dérangera d'autant moins que des traditions locales et intéressées inspireront et nourriront sa méfiance.

La publicité peut venir en aide, nous le savons; mais quoi qu'elle puisse faire, elle ne remplace point les relations directes, l'influence d'une conversation sur l'intérêt qui préoccupe : le crédit, l'autorité de parole d'un bon agent n'ont point d'équivalent. J'en appelle à l'expérience de tous ceux qui ont été en contact avec les populations, n'ont-ils pas reconnu souvent que l'opinion publique, celle que j'appellerai saine et réfléchie si on me le permet, se donne moins à l'éclat d'un programme qu'à la simple indication de l'homme spécial, chargé de pratiquer ce que la publicité ne peut que recommander. Le bien ne fait pas de bruit; le bruit ne fait pas le bien. Comment un directeur peut-il élever la voix assez haut pour se faire entendre dans trois départements à la fois? Les populations de trois départements ne se dérangeront pas pour invoquer l'assistance du Crédit foncier, représenté par un seul agent, séparé d'elles par de grandes distances. Votre Administration centrale acquiert chaque jour la preuve de cette insuffisance d'organisation, très-périlleuse lorsque notre service financier n'avait pas de représentants dans les départements, moins grave depuis le concours de MM. les receveurs généraux et particuliers. Nous étudions le moyen de mieux faire, Messieurs; il ne nous faut qu'un peu de temps pour cela. S'il nous est possible d'utiliser des dévouements déjà éprouvés, nous n'y manquerons pas; mais, à notre avis, le principe même de ces directions ne répond ni à la division ni à l'importance de nos affaires.

Puissions-nous réaliser ce progrès aussi promptement que ceux dont votre Administration centrale a été l'objet! Nous y avons trouvé aussi des dévouements éprouvés, des employés dont l'aptitude et le talent ont été des éléments précieux de l'organisation que nous développons journellement; car à chaque jour suffit sa peine, et ce sont les affaires de chaque jour qui sont la mesure des dispositions que nous devons prendre. Une division de l'inspection du personnel et des affaires réservées, — un secrétariat, — une division des prêts, — une autre des finances, — deux caisses des titres, — une des recettes et payements; — tels sont nos premiers moyens d'administration centrale. Si par la pensée vous appréciez ce que comporte de détails et de soins notre correspondance avec les quatre-vingt-six départements de l'Empire et une grande capitale comme Paris, puis tous les incidents inséparables d'un début, vous apercevrez sans peine que le personnel d'un pareil service est nécessairement nombreux. Nous avons dû l'augmenter, nous ne pouvons assurer qu'il ne faudra pas l'augmenter encore, tant sont infinies les exigences très-justifiées de notre comptabilité, surtout de celle des titres, plus volumineuse chaque jour. Permettez-nous d'ajouter, Messieurs, pour répondre à des sentiments que nous ne saurions trop tôt prévenir, parce que nous en connaissons la bienveillance, que tous ces loyaux services dont nous cherchons à vous entourer n'ont pas seulement des droits aux traitements annuels que vous leur accordez, au pain quotidien que tout ouvrier dévoué et laborieux mérite et gagne; mais qu'il nous faut penser à ses vieux jours, à l'âge des infirmités. Nous aurons donc à vous proposer la fondation d'une caisse de retraite. Lorsque nous en avons médité le principe et l'économie, nous l'avons fait avec autant de complaisance que vous éprouverez, nous en sommes convaincu, d'intime satisfaction à la constituer.

Vous le voyez, nous avons effleuré bien des projets, bien des questions, et cependant nous n'avons pas la certitude de n'avoir rien omis.

Quoi qu'il en soit, l'heure nous semble venue de ne pas vous imposer une plus longue attention ; nous allons donc nous résumer, et vous dire en quoi consistent les premières conséquences pratiques de la revue que nous venons de faire. Procédons d'abord à la révision de vos Statuts; vous l'avez interrompue, il importe de la reprendre, non-seulement au point de vue des modifications que prescrit le décret du 6 juillet, mais à celui des dispositions qu'une expérience de deux années semble plus particulièrement indiquer. Ainsi les obligations, leur forme, leur remboursement, l'usage que peuvent en faire les emprunteurs qui se libèrent par anticipation ; puis les prêts, le système d'amortissement qui leur est applicable.

Nous avons eu l'honneur de vous dire que nous souhaitions à vos titres la quotidienneté de l'intérêt, l'accès de la Banque et une caisse de service. Nous vous demandons de consentir à partager le plus tôt possible avec nous l'étude de ces trois questions.

Pour la quotidienneté de l'intérêt, il s'agit d'en discuter le principe, et, s'il est adopté, de décider la forme du titre.

Quant à l'hospitalité de la Banque, nous sommes si profondément convaincu des avantages que cet établissement recueillera de l'admission de nos obligations, qu'il nous doit suffire, nous le croyons intimement, de la demander pour l'obtenir. Est-ce par une loi que la Banque de France doit être autorisée à nous accueillir, et cette loi, est-ce à nous, ou à la Banque qu'il appartient de la réclamer ?

Notre devoir, dans tous les cas, nous paraît être de faire une démarche immédiate auprès du gouvernement, de l'associer à nos convictions, d'obtenir que lui, le dispensateur des priviléges et le juge de l'usage qui doit en être fait dans l'intérêt général, réclame pour nous l'accueil que nous méritons. Car, nous aimons à le redire, il n'est pas un titre, objet des avances de la Banque, meilleur, plus rassurant qu'une lettre de gage ou obligation foncière.

Quant à une caisse de service, voici comment nous la comprenons:

Faire nous-mêmes, dans les moments d'abondance de nos capitaux, l'escompte de quelques titres; et des avances à quatre-vingt-dix jours. Ne pas faire cela de telle sorte que, sous prétexte d'escompte ou d'avance, on puisse, en nous laissant nos titres pour compte, en avoir indirectement forcé le rachat, mais le faire à de telles conditions que l'escompté ait toujours un intérêt à reprendre son titre, et que tout se borne, en ce qui nous concerne, à lui avoir fait une avance momentanée, dans laquelle nous serons toujours sûrs de rentrer, parce que l'abandon de son titre lui causerait un trop grand préjudice. Le succès d'une pareille mesure dépend beaucoup du tact de celui qui sera chargé de l'exécuter. Limiter trop les avances, ce serait douter de nos titres et les déprécier, il faudra donc s'expliquer avec le public, lui montrer l'analogie de ce service avec celui que fait la Banque ou tout autre comptoir d'escompte. Les bons du Trésor et la rente ne sont point déconsidérés par une avance de 80 pour 100; telles obligations de 60 pour 100, telles autres de 50 pour 100. Lorsqu'elle prête ainsi, la Banque tient compte, sans doute, de sa plus ou moins grande confiance dans le gage, mais elle compte aussi beaucoup avec l'état de sa caisse, et personne ne s'étonne des conditions qu'elle impose et qu'elle varie. Ainsi comprise, une caisse de service nous permettrait de faire valoir quelques fonds avec avantage, sans danger aucun, puisqu'au pis aller le gage qui nous resterait serait notre propre dette, et, dans maintes circonstances, les porteurs de nos titres pourraient recevoir de cette caisse un concours utile. — Que de personnes vendent à tout prix et déprécient ce qu'elles vendent, qui, si elles avaient eu le temps d'attendre, n'auraient pas vendu du tout, et auraient, de grand cœur, payé une commission pour ne pas vendre! Telle pourrait être, Messieurs, la caisse de service que nous avons supposée possible, sous réserve, bien entendu, de pouvoir toujours la fermer à volonté. Je le répète, c'est une question de tact, d'intérieur. — Remarquez bien qu'il ne s'agit que de nos obligations; nous pouvons toujours les racheter, à plus forte raison les escompter, et nous n'entendons en aucune façon sortir du cercle des opérations de crédit autorisées par nos Statuts. Si cette pensée vous agrée, nous vous prions d'en proposer l'examen, comme de toutes autres, à l'une ou l'autre des Commissions dont nous allons vous demander le concours.

Nous en réclamons une également pour l'examen de cette question du régime hypothécaire, et peut-être vous conviendra-t-il, aussi bien que pour celle qui aura à s'occuper de la révision des Statuts, d'y admettre M. Josseau, le Conseil de la Société. Nous réclamons sur ce sujet une prompte étude, car les Chambres vont être réunies, et c'est de leur autorité, le Conseil d'Etat entendu, que nous attendons les modifications dont nous avons eu l'honneur de vous expliquer l'importance.

Enfin, Messieurs, une Commission encore, pour entendre nos propositions sur l'organisation de nos moyens administratifs à Paris et dans les départements, car vous nous avez accordé des crédits dont nous vous devons compte.

Tous ces détails, Messieurs, dont vous aimerez à vous préoccuper comme nous-mêmes, sont du domaine de l'espérance; permettez-nous un instant de pénétrer dans celui de la réalité.

Si vous avez gardé mémoire des hypothèses de nos combinaisons financières, vous aurez éprouvé le sentiment que nous avons éprouvé nous-mêmes en les formulant. Il ne vous aura pas échappé que nos calculs ont eu pour base les conditions les plus défavorables; en effet, Messieurs, que s'est-il passé depuis deux ans, malgré les labeurs, les difficultés de votre installation? Vous avez réalisé des prêts pour 50 millions; à ce compte, au lieu de consacrer quinze années à atteindre le but que nous avons indiqué, dans six ans il serait touché, et vous y trouveriez des résultats qu'il ne nous semble pas interdit d'entrevoir. Mais restons modestes, et disons : Entre six et quinze ans n'y a-t-il pas un milieu possible ? Est-ce donc trop présumer de votre crédit, des progrès que vous ferez dans l'opinion publique, que d'en supposer dix, par exemple, au lieu de quinze, pour réaliser nos espérances? Or, si telle peut être notre bonne chance, est-il nécessaire de vous montrer ce qu'elle aura produit? Cinq ans de gagnés sur dix, Messieurs, cela signific des excédants d'annuités multipliés par le nombre d'années dont vous aurez diminué le temps sur lequel nous avons fondé nos calculs. En d'autres termes, si vous avez placé 200 millions dans dix ans, vous aurez, à dater de cette même époque, un ensemble de produits applicables à vos frais généraux, avancés de cinq ans par l'emploi d'une somme de 150 millions, prêtés en dix ans au lieu de quinze.

Remarquez encore ceci, Messieurs. — Nous avons dit quinze ans, en réalité c'est quatorze que nous aurions dû dire, car à cette heure, aujourd'hui même, la quinzième année est notre conquête; n'avons-nous pas prêté 50 millions? n'avons-nous pas en prêts autorisés 9 millions d'engagés? et nous tenons cette somme à la disposition de ces engagements; n'avons-nous pas en caisse un excédant disponible de 3 millions environ? d'où il suit que, si l'an prochain 8 millions seulement étaient mis à notre disposition pour développer nos prêts, nous aurions, dès 1855, et dans la plus fâcheuse condition de lenteur, déjà conquis deux années sur les quinze qui ont servi de base à nos calculs. Nous vous devions ces indications; et comme en de telles matières il n'est rien d'aussi absolu que les faits accomplis, permettez-nous une dernière justification de la confiance que nous ressentons. Nous l'avons obtenue des résultats acquis au 31 octobre à l'exercice courant. C'est d'ordinaire après le dernier jour de l'année qu'on peut commencer un inventaire; le désir de connaître à fond le passé de notre service, celui de contrôler, les uns par les autres, les comptes de notre administration, nous a conduit à l'établissement anticipé d'un compte de profits et pertes; il ne sera que très-faiblement modifié par les deux derniers mois de l'exercice, et nous pourrions dès à présent, par des proportions plus que probables, vous dire presque à coup sûr le résultat de l'exercice 1854. Mais bornons-nous à ce qu'il y a de définitif au 31 octobre; le voici : Un solde créditeur de 333,803 fr. 49 c., déduction faite de l'intérêt à 5 pour 100 revenant aux actionnaires du 1er juillet au 31 octobre. En constatant ce résultat, nous avons compris dans l'ensemble des dépenses, non-seulement tous les frais généraux ordinaires, mais une somme de 654,899 fr. 13 c., dont vous avez, à titre de frais de premier établissement de 1853, reporté la charge à un compte spécial, compte qui doit rester ouvert encore en 1854, 1855 et 1856, pour être chargé de frais semblables dans des proportions décroissantes, dont le total sera amorti, à dater de 1857, en vingt ans, d'autant plus facilement, qu'au moment même où vous avez reporté, et reporterez plus tard ces frais de premier établissement, vous avez crédité et continuerez à créditer un fonds de prévoyance de sommes correspondantes. Ces deux opérations faites parallèlement sont combinées de telle sorte, que, lorsqu'en 1857 il y aura lieu de commencer l'amortissement des frais de premier établissement, il s'accomplira au moyen de l'intérêt que produira la somme portée au fonds de prévoyance, dont le capital intact, dans vingt ans, accroîtra d'autant les bénéfices de la Société. Cette sage disposition impose à l'avenir quelques-unes des dépenses du présent, avec d'autant plus de justice que tous vos efforts, vos sacrifices vous seront beaucoup moins profitables qu'à vos neveux.

Voilà qui est plus que rassurant, Messieurs; le Crédit foncier est fondé en France, n'hésitez pas à le croire et à le proclamer; il n'a plus qu'à marcher avec prudence pour se développer sûrement.

Mais la prudence n'exclut pas l'activité. Ne perdons pas un jour. M. le Ministre des finances est plus particulièrement chargé de veiller sur nous; ayons recours à sa bienveillance, à son autorité, et grandissons sur ses premiers fondements notre intéressant édifice. Nous sommes moins une affaire qu'une institution, avons-nous dit, mais nous avons prouvé que le succès de l'une n'était pas inséparable des progrès de l'autre. La France entière remercie l'Empereur de sa sollicitude pour la propriété foncière; remercions-le de son patronage, et autorisons-nous de l'intérêt qu'il nous porte pour le solliciter encore. Ce n'est plus de subvention qu'il s'agit, mais de l'appui persévérant du gouvernement, des administrations publiques. Obtenons le concours de la Banque de France, notre aînée dans la carrière du crédit, notre alliée bientôt, nous osons l'espérer, par l'établissement de relations réciproquement utiles. En un mot, Messieurs, invoquons toutes les forces, unissons-les à notre dévouement, et la Providence fera le reste.

Le Gouverneur du CRÉDIT FONCIER DE FRANCE,

Cte CH. DE GERMINY.

11 décembre 1854.

TYPOGRAPHIE HENNUYER, RUE DU BOULEVARD, 7. BATIGNOLLES.
Boulevard extérieur de Paris.

www.ingramcontent.com/pod-product-compliance
Lightning Source LLC
LaVergne TN
LVHW010107230826
846091LV00005B/2133

* 9 7 8 2 0 1 3 3 4 2 0 7 0 *